KB141127

용기를 넘어 행동하기 위한 인류 정신의 가르침

냉철한

그리고

분노하는

김
주
호 지음

자유정신사

통합사유철학 세 번째 축, 삶 속 '인식'에 관한 구체적 고찰

용기를 넘어 행동하기 위한 인류 정신의 가르침

냉철한 그리고 분노하는

신과 악마 그리고 인류 정신들의 이야기

자유정신사

통합사유철학 세 번째 축, 삶 속 '인식'에 관한 구체적 고찰

평등을 위한 냉철한 분노

내 가치는 저 사람보다 못한 것인가

자유를 위한 냉철한 분노

우리는 왜 마음대로, 생각한 대로 살 수 없는 것인가

정의, 도덕을 위한 냉철한 분노

우리는 왜 공평한 대우를 받지 못하는가

국가, 권력, 부, 명예에 대한 냉철한 분노

나에게 국가와 권력은 도대체 무엇을 해주는가

나는 왜 가난한가

나는 왜 꿈이 없는가

목차

평등을 위한 냉철한 분노

내 가치는 저 사람보다 못한 것인가

자유를 위한 냉철한 분노

우리는 왜 마음대로, 생각한 대로 살 수 없는 것인가

정의, 도덕을 위한 냉철한 분노

우리는 왜 공평한 대우를 받지 못하는가

국가, 권력, 부, 명예에 대한 냉철한 분노

나에게 국가와 권력은 도대체 무엇을 해주는가

나는 왜 가난한가

나는 왜 꿈이 없는가

서론

용기를 가지려면 두려워하지 말아야 하고, 두려워하지 않기 위해서는 분노해야 하며, 분노하여 고귀한 결과를 얻으려면 냉철해야 한다. 용기를 넘어, 행동하기 위한 냉철한 분노는 고귀한 것이다. 이 책은 인류 위대한 정신이 다시 살아 돌아왔을 때 우리 시대의 억압과 부조리, 투쟁, 위선, 물욕, 악취, 그리고 그 대안에 대하여 이야기하고 싶어 할 것을 대신 기술한 것이다. 그들은 파괴된 평등, 자유, 정의, 권력에 대하여 끊임없이 저작을 통해 메시지를 보내고 있다. 그러나 그들의 저작들은 너무 방대하고, 우리는 그 메시지를 볼 수 없는 여러 핑계를 가지고 있다.

이에, 이 책은 그들을 모두 불러들여 그들의 매혹적인 생각, 조언, 비난, 호통, 분노, 대안을 한꺼번에 듣고자 한다. 이 이야기는 2,500년 전부터 계속된 그들 지성의 결과물을 중심으로 기술된다. 지혜의 정원에 모인 철학자들의 이야기를 태양의 뜨거움, 분수 물방울의 비산(飛散), 바람 소리 때문에 조금은 잘못 알아들었을 수 있다. 그러나 나는 그들의 생각이 잘못 전달되지 않도록 할 수 있는 최대한의 것을 했다. 그것은 내 능력의 한계이니, 그것이 옳아서 그들의 동의를 받든, 틀려서 비난을 받든, 천국에 가서 그 상 또는 벌을 받을 것이다. 물론 이 세상에서는 다른 누구의 판단도 필요 없다.

사람들이 인문 철학 서적을 잘 읽지 않는 것은 꽤 역사가 있어 보인다. 책이 독자의 호평을 받기 위한 조건을 키에르케고르는 '공포와 전율'에서 이렇게 말했다. "독자를 끌려거든 저자가 세심한 신경을 써서 독자들이 낮잠을 자면서도 즐겁게 읽을 수 있도록 재미있게 써야 하고 마치 신문 광고란에 나오는 착실한 견습 정원사와도 같이 모자를 벗어 손에 들고, 전에 일하던 직장에서 받은 훌륭한 추천서를 내밀며, 그가 존경하는 독자들의 환심을 사기 위하여 갖은 애를 써야 하는 그런 시대이다." 이 책도 그 비극적 운명을 크게 비껴가지는 못할 것이다. (서1)

그래도 이 저작에는 뭔가 남의 눈길을 끄는 것이 있을 수 있다. 세상에서 행해지고 있는 가치 평가나 존중되고 있는 습관 등을 전환시키고자 끊임없이 도발하고 있기 때문이다. 이는 니체가 그의 저서 '인간적인, 너무나 인간적인'에서 시도했던 것들보다 조금 더 도발적일 수 있다. 하지만 우리 시대는 그럴 수밖에 없지 않은가? 그래도 그의 시대는 낭만의 토양이 남아 있어서 그 토양 아래 그의 비판은 낭만적이었지만, 나는

차갑게 식은 아스팔트 위에 있으니, 냉철히 비판할 수밖에. (서2)

철학이 항상 그렇듯이 이 책도 민중을 향한다. 사르트르는 '문학이란 무엇인가'라는 책에서 자신의 민중 지향에 대한 비판자들을 이렇게 냉소적으로 반박했다. "공산당에나 들어가라는 어느 천치 같은 젊은이, 철학을 죽인다는 어느 점잖게 투덜거리는 늙은 비평가, 문예에 대한 경멸이 도처에 깔려 있다고 하면서 나를 고집불통이라 부르는 소견 좁은 작자." 이는 사르트르 말을 빌리면, 그들이 조급하게 읽고 잘못 읽고 또 미처 이해하기도 전에 판단하려 하기 때문이다. 지금 내가 내놓으려는 책도 키에르케고르적 비극과 함께, 사르트르적 비극도 함께 할 운명이 아닐까 예상한다. (서3)

철학 저서를 피상적으로 성급하게 읽으면 되돌릴 수 없는 오류에 빠지게 된다. 쇼펜하우어는 그의 저서 '의지와 표상으로서의 세계'에서 진지하게 경고했다. 공허하고 무익한 말을 철학사상이라고 생각하고 빈약하기 이를 데 없는 궤변을 예지로 생각하며, 어리석은 망상을 변증법이라고 생각하는 데 익숙해졌으며, 탁월한 사상은 좁고 짓눌리고 두꺼운 머릿속에 억지로 밀어 넣어 버리면, 모든 활기와 생명력을 상실하여 본래의 것과는 전혀 다른 것이 되어버리고 만다. 나는 그의 비판을 수용하여 나 자신의 편견에 사로잡히지 않으려 했고, 가벼운 수필적 철학도 논리 실증적 따분한 철학도 수용하려 했다. 철학의 다양한 낭만주의로의 회귀라고나 할까. 그의 말대로 요즘 사람들이 자기와 비슷하고 자기를 쉽게 이해시키는 자들의 책들에만 열망하니, 쇼펜하우어 몰래, 살짝 사람들에게 다가가 본다. 나는 낭만주의적 철학자니까. (서4)

키케로는 "철학은 극소수의 진정한 비판자만 있어도 그로써 충분히 만족한다. 철학은 일부러 많은 사람을 피한다. 많은 사람이 철학을 싫어하고 또 어쭙잖은 것으로 본다. 그러므로 만일 누가 철학이라는 이름이 붙은 것에 대해서 욕지거리를 하고 있으면 그는 틀림없이 많은 사람의 지지를 받을 수 있을 것이다."라고 하였다. 헤겔도 그의 저서 '철학 강요'에서 "철학에 대한 욕설은 무지와 경솔에서 나온 것일수록 더욱 인기를 끄는 법이다. 그런데 사실, 철학을 모르는 사람들은 어디를 향하여 나아갈지 방향을 모르기 때문에 애매와 공허와 나아가서는 무의미 속에서 갈팡질팡하게 된다. 반면, 정신적 열망에 참여하는 자는 너무도 만족스러워, 굳이 타인 또는 불청객에게 강요하지 않을 것이다." 그럼 결국 키케로와 쇼펜하우어 말대로, 철학은 소수 몇 사람만 보는 학문에 만족

하고, 그 무용(無用)함으로 사람들에게 손을 들어야 한단 말인가? (서5)

인문학은 인간에 대한 학문이고, 철학은 인간을 위한 학문이다. 그러므로 철학은 가장 인간에게 유익해야 한다. 그래서 나도 철학의 유익에 눈을 돌린다. 루소는 '에밀'에서 인간 형성 기술이라는 유익한 것에 대하여 기술했다. 그는 지혜로운 사람들까지도 어른으로서 세상을 살아가는 데 알아야 할 것에만 신경을 쓰고, 아이들에게 무엇을 가르치는 것이 좋을지는 거의 생각하지 않음을 한탄했고, 지금 어른들의 교육은 아이들이 어른스러워지기만을 구하며, 올바른 어른이 되기 위해 무엇을 어떻게 배워야 하는지는 크게 고민하지 않는다고 불평했다. 나는 여기에 착안하여 아이들이 어른이 되기 전에 꼭 알아야 할 우리 인류 정신의 발자취를 더듬었다. 그들 모두는 자유를 찾아, 평등을 갈망하며 여기까지 왔다. 이 책은 그들의 생각을 통합해 모으려 노력했고, 루소가 말했던 대로, 나 또한 설혹 내 접근 방법에 조금 틀린 것이 있을지 모르지만, 사람들이 내가 고찰한 것을 여러모로 이용할 수 있도록 했다. (서6)

파스칼은 그의 저서 '팡세'에서 우리 삶이 아무리 형편없더라도 모두 틀린 것은 아니며, 잘못된 것만 바로잡으면 된다고 했다. 잘못된 것은 하찮은 것에 대한 예민함, 가장 중대한 일에 대한 무감각이며, 이것은 기묘한 전도(顚倒)라고 하면서. 나는 이번 책에서 그 기묘한 전도를 잡아 보려고 노력했다. 즉, 사소한 것은 웃어넘기고, 중요한 것은 냉철히 분노 하도록 하는 시도의 연속이었다. 이는 이미 아리스토텔레스가 어진 사람 의 조건으로 그의 저서 '니코마코스 윤리학'에서 이미 비슷하게 했던 말 이지만 말이다. (서7)

평등을 위한 냉철한 분노

내 가치는 저 사람보다 못한 것인가

내 가치는 저 사람보다 못한 것인가

- 평등을 위한 냉철한 분노 -

⚜ 지혜의 정원에 모이다

⚜ 서로 같아지면 득실도 없어진다

⚜ 나 혼자 자유로운 건 오히려 슬픈 일이다

⚜ 서로 같음에는 그럴만한 대상이 따로 있지 않다

⚜ 평등을 가장하면 행복도 가장한다

⚜ 우월함으로 허영적인 인간은 사실 가장 노예적이다

⚜ 누군가에 평등을 맡기느니 신에게 목숨을 맡기겠다

⚜ 평등을 가르칠 수 있는 자는 신만큼 가치 있는 자이다

⚜ 행동하고 의지하지 않는 평등은 복종하는 것이다

⚜ 평등은 인간이 할 수 있는 가장 신적인 일이다

⚜ 신이 평등이 아니라 평등에의 의지만 준 것은 의도된 것이다

등장인물

플라톤

장자

사르트르

소크라테스

예링

아리스토텔레스

니체

들뢰즈

홉스

헤겔

칸트

푸코

존로크

마르크스

지혜의 신, 아테나

라이프니쯔

석가

공자

맹자

나태의 악마, 벨페고르

한비자

이솝

쇼펜하우어

분노의 악마, 사탄

홍자성

루소

도스토예프스키

예수

탐욕의 악마, 마몬

묵자

노자

김소월

오만의 악마, 루시퍼

톨스토이

칼릴지브란

아우렐리우스

프로이드

키에르케고르

마키아벨리

카프카

로트레아몽

파스칼

스피노자

헤세

몽테뉴

✤ 지혜의 정원에 모이다

떡갈나무가 무성한 오래된 정원에 옛 철학자들, 우리 인류의 정신이 함께 모였다. 인간을 위한 학문을 위해 생을 바친 이들은 시간을 넘어 우리 인간이 가야 하는 길을 이야기할 수 있음을 즐거워했다. 지혜의 신이 이들에게 우리 시대 지상 인간의 고뇌를 해결해줄 것을 요청했던 것이다. 그들의 이야기를 듣기 위해 지상의 사람들도 모여들었다.

천상의 자랑스러운 인류 정신이 모두 모였군요. 나는 지혜의 신, 아테나입니다. 지상의 사람들이 그들 삶의 억압과 곤궁 그리고 부조리와 불공평에 대하여 나에게 답을 요청하는군요.

나는 인류 격동의 19세기를 치열하게 살면서 초인을 주장했던 자입니다. 뭐, 지긋지긋한 지상에 그리 다시 오고 싶지는 않았지만 평등에 대한 이야기에서 내가 빠지면 예기치 않은 결론으로 이야기가 흘러갈까 염려스러워 이렇게 내려왔습니다. 참고로, 나는 절대 지혜의 신 명령에 따라 온 것은 아닙니다. 내가 보기에 **이 오늘은 천민의 것이니, 그 누가 위대함을 찾겠습니까?** 바보들만 성공하리니 명예를 위해 천민처럼 일하고 천민처럼 비굴할 수밖에 없습니다. 천민자본주의가 삶의 핵심적 양태로 자리 잡은 이후 모든 것은 붕괴되었습니다. 천민이 되지 않고서는 이 시대에서 성공할 수 없습니다. 열심히 천민처럼 일해야 하고, 자신을 버리고 성공을 위해 비굴해지는 것이 상식이 되어 버렸으니까요. 그대들! 만일, 천민의 명예가 싫다면 광야에서 굶주리고 늑대와 싸울지라도, 천민의 마음 버리고 분노의 걸음을 내디디십시오. (니체, 1)

니체 선생, 플라톤입니다. 선생은 유쾌한 비평으로 나를 꽤 곤란하게 했지요. 하지만, 니체 선생의 비난이라면 즐겁게 받을 수 있습니다. 내 이데아에 대한 생각은 선생도 젊은 시절 공부에 조금은 참고가 됐겠지요. 내 도움을 받지 않은 지상의 철학자는 별로 없으니. 니체 선생의 저서는 천상의 철학자들도 그들의 아까운 천상의 시간을 물 쓰듯 써버릴 정도로 인기가 있지요. 선생은 지금 지상의 세대를 천민의 시대라고 생각하고 사람들의 평등을 걱정하는군요. 하지만 시에서 리듬을 제거하면 그리 아름다울 것도 없는 여인이 돼버리는 것처럼, 삶은 그래도 이런저런 것으로 구성된 조화로운 것입니다. 세상은 언제나 절대 천민만의 것일 수는 없지요. 선생이 말하는 아무리 천민의 세상에서도 어디선가 냉철한 누군가가 삶을 인도할 것이고, 그렇게 세상은 정의롭고 또 평등하게 나아갈 것입니다. 이번엔 지상의 당신 차례입니다. (플라톤, 2)

나는 플라톤 선생의 제자입니다. 스승이신 플라톤 선생의 생각에 기본적으로는 동의하지만, 나는 니체 선생의 우려 전달은 지금 지상의 사람들에게 경고를 위해서라도 꼭 필요할 것 같습니다. 인간 이성은 항상 최선을 향해 갑니다. 끊임없는 노동과 비굴함도 최선을 향해 가는 인간의 육체와 정신 활동일 수 있지요. 물론 그것이 과도하지 않은 범위이어야 하겠지만. 우리가 당연히 노여워해야 할 일에 대하여, 또 당연히 노여워할 사람들에 대하여, 그리고 또 적당한 정도로, 적당한 때에 그리고 적당한 시간 동안 노여워하는 것은 칭찬할만한 일입니다. 그렇지 못한 자는 어리석으며, 자신을 보호하지 못하며, 모욕을 당하고도 참는 것이며, 노예적인 자라는 말을 들어도 어쩔 수 없습니다. 우리는 꼭 필요한 때는 분노해야 합니다. (아리스토텔레스, 3)

나는 중국 송나라 사람이고 노선(老仙)이라고들 하지요. 지상에서나 천상에서나 세상 밖에서 초연이 노닙니다. 니체 선생이나 아리스토텔레스 선생은 사람들이 노예나 가축처럼 취급되는 것을 막기 위해 누군가가 의식을 가지고 민중을 선동하여 노예 상태로부터 벗어나게 해야 한다는 생각을 하는군요. 이는 공자가 인의로 세상을 다스리려 헛수고를 한 것과 크게 다를 바 없습니다. 세속 사람들은 남이 자기와 같아지기를 기뻐하고 남이 자기와 달라지기를 싫어합니다. 남이 자기보다 뛰어난 것이 싫어서 그런 거지요. 좀 더 직설적으로 표현하면, 이는 여러 사람들보다 뛰어나기를 바라기 때문이지요. 이는 압제자나 노예 상태의 백성 모두가 그렇습니다. 하지만 어찌 한 사람이 여러 사람보다 뛰어나겠습니까? 누구나 여러 사람을 따라야 편안한 법이지요. **천하를 있는 그대로 내버려 두십시오. 사람들이 이러하면 이런대로, 저러하면 저런대로. 공연히 천하를 편안하게, 공평하게 다스리려고 나서지 마십시오.** (장자, 4)

 나는 지상에서 실존주의자였습니다. 지상에서도, 천상에서도 역시 실존은 본질보다 앞섭니다. 이는 데카르트 선생 방식으로 표현하면 [나는 존재한다. 고로 생각한다.]라고 하겠지요. 장자 선생은 민중의 문제는 시간과 함께 스스로 해결하는 것이지 뛰어난 사람이 해결할 수 있는 것이 아니라는 말이군요. 니체 선생의 생각은 누군가 뛰어난 자에게 민중의 운명을 맡기자고 한 것이라기보다는, 초인은 민중의 자유 의지를 자극할 뿐이고, 공동체를 바꾸어 가는 것은 민중 그들 스스로 하라는 것으로 생각이 듭니다. 어찌 보면 두 선생의 생각은 다른 바가 없는 것 같군요. 이런 관점에서 지금 우리가 개별 실존을 찾기 위해 최우선으로 회복해야 하는 것은 불평등 상황의 극복입니다. 그것은 평등의 진리를 목표로 하기 때문에 어떤 정당한 수단과 방법이 동원되더라도 용인될 수 있습니다. 한가히 보낼 시간이 없습니다. 지금 이 시각에도 불평등에 잔혹하게 삶의 고통을 짊어지는 다수의 민중 일반이 존재하니까요. 우리의 존재가 어떠한 것이든 간에 우리의 존재는 [선택]입니다. 따라서 우리가 자신을 위대한 자로서 택하느냐, 고귀한 자로서 택하느냐, 또는 [비열한 자], [비굴한 자]로서 택하느냐는 우리에게 달린 것입니다. **타인의 자유 상태에서 내 존재가 그의 도구적 대상으로써 구체적으로 현시되는 것은 참으로 굴욕적입니다.** 바로 이 굴욕적 현시는 나 자신을 해방하기 위해 파괴하지 않으면 안 됩니다. 그리고 이를 위해 우리는 분노하지 않을 수 없습니다. (사르트르, 5)

크리톤이 수탉 한 마리는 갚았는지 모르겠군요. 나는 제자 **플라톤** 선생 의견에 동의합니다. 물론 니체 선생과 사르트르 선생의 비판적 통찰은 시대의 부조리를 파악하는 데 매우 중요한 역할을 합니다. 그러나 시대가 아무리 **타락하고** 그것이 마음에 들지 않는다고 해도 그 **공동체가 지키고 있는 것들에 대한 존중과 존경은 필요합니다.** 우리가 사실은 이 사회에 대하여 아무것도 변혁시킬 수 있는 일이 없으면서도 굉장한 일을 할 수 있다고 생각하고 있는 것을 보면 안타까운 일이지요. 그래서 지금 우리에게 필요한 것은 무엇을 하겠다는 의지와 구체적 계획입니다. 사실 우리가 불평하고 있는 것에 대하여 [타인이 아닌 우리 자신에 대한 비판]이 더욱 절실합니다. 타인을 비판을 통해 변화시키는 것은 한참 추운 겨울에 싱그러운 포도를 구하는 것처럼 어려운 일이지요. (소크라테스, 6)

나는 19세기 독일 법학자입니다. 소크라테스 선생 말대로 공동체의 부조리에 대하여 우리 자신에게 원인을 돌리는 것은 문제의 본질을 너무 근원적 개인 문제로 일반화시켜, 해결을 불가능하게 하는 것입니다. 이것은 어쩌면 민중의 가난, 비참, 노예 상태를 유도하고 그 속에서 이익을 얻는 [사악한 그들]이 원하는 일인지도 모릅니다. 우리는 아리스토텔레스 선생과 사르트르 선생도 동의한 대로, 필요한 때에, 필요한 만큼, 필요한 것에 대하여, 필요한 곳에서 분노해야 하고 또 투쟁해야 합니다. 우리의 목표는 평화이지만, 그 수단은 투쟁이기 때문입니다. (예링, 7)

생각이 조금 모아지는군요. 우리는 분노해야 합니다. 그리고 냉철해야 합니다. 냉철함이 결여된 분노는 뭉툭한 창과 같이 아무것도 위협적이지 않고 오히려 웃음거리가 될 수 있습니다. 우리는 '비이기적인 것은 불가능하다'는 통찰을 얻고 난 후에조차, 이기적인 것을 혐오합니다. 예링 선생이 이야기 한 [사악한 그들]에게도 비이기적 희생을 감내하라고 사람들은 요구합니다. 자신의 삶을 찾아 투쟁하는 것, 이 필연적인 것이 우리에게는 혐오스러워져 있는 것입니다. 그렇지만, [삶을 초극하지 않은 그리고 탁월하지 않은 인간에게] 공동체 속 부조리와 불평등의 해결책을 맡기는 것은, 장자 선생 생각대로 그리고 소크라테스 선생이 이야기한 대로 실패가 눈에 뻔히 보이는 일입니다. 삶을 변화시키기 위해서는 철저하고 냉정하게 모든 것을 초극해야 합니다. (니체, 8)

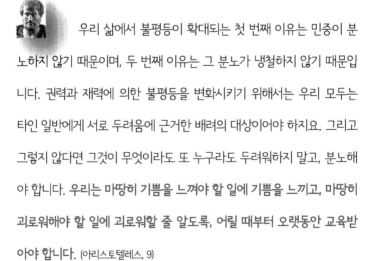 우리 삶에서 불평등이 확대되는 첫 번째 이유는 민중이 분노하지 않기 때문이며, 두 번째 이유는 그 분노가 냉철하지 않기 때문입니다. 권력과 재력에 의한 불평등을 변화시키기 위해서는 우리 모두는 타인 일반에게 서로 두려움에 근거한 배려의 대상이어야 하지요. 그리고 그렇지 않다면 그것이 무엇이라도 또 누구라도 두려워하지 말고, 분노해야 합니다. 우리는 마땅히 기쁨을 느껴야 할 일에 기쁨을 느끼고, 마땅히 괴로워해야 할 일에 괴로워할 줄 알도록, 어릴 때부터 오랫동안 교육받아야 합니다. (아리스토텔레스, 9)

우리 인류 위대한 지성이 과연 지상의 우리를 행복하게 해주기 위한 천상의 비밀을 알려 줄 것인가? 칠흑 같은 어둠 속에서 잘 보이지 않는 부조리와 싸우는 지상의 사람들에게 드디어 [밝음]을 선물할 것인가? 역사 속 인류의 모든 지성이 모였고 지혜의 신마저 여기에 있으니 무언가 기대할 수 있지 않을까?

지상이 시끄러운 것은 평등의 고귀함을 잃어가는데 사람들이 그에 분노하지 않아서라는 생각이 많군요. 아름다운 분노, 숭고한 분노의 사자를 지상으로 보내주어야겠습니다. 자, 그러면 지상의 문제를 하나씩 해결해 가도록 하지요.

❀ 서로 같아지면 득실도 없어진다

나는 지상에서의 무의식적 억압을 밝히려고 했던 철학자입니다. 사람들은 어떤 때는 평등을 손해라고 오도(誤導)하고, 어떤 때는 이익이라고 강요하기도 합니다. 우리는 누군가에 의해 무엇인가 잘못 알도록 의도되고 있습니다. 각 시대의 앎(知)의 기저에는 무의식적 억압의 체계가 있지요. 즉, '규율'이라고 명명된 억압의 체계가 우리 앎(知)의 심연을 이룹니다. 삶의 목표가 잘못 알도록 의도되고 있고, 노동의 가치가 잘못 알도록 의도되고 있습니다. 이제, 숨겨진 억압을 통해 이득을 보는 자들에 대한 조용하고 지속적인 [응징]을 시작해야 할 때입니다. (푸코, 10)

푸코 선생, 나는 악마라서 인간들을 편들지는 않지만, 사람들을 **억압**해서 이익을 얻는 자들도 그런대로 열심히 삶을 살고 그 대가를 받는 것인데, 인간들의 일은 그들에게 맡기는 것이 어떻겠는지요?

나태의 악마, 벨페고르군요. 당신다운 조언입니다. 바로 그것이 인간과 악마를 구분케 하는 것입니다. 자유 의지를 가진 인간이라면 억압을 받는 자를 나태함으로 방치하진 않지요. 푸코 선생의 말은 설득력이 있습니다. 우리 인생의 행복에 있어, 우리가 자신에 관해서 [마음속 양심에 새기고 있는 것]은 사람들이 생각하는 것처럼 아주 결정적은 아닙니다. 타인이 우리에 관해 아는 것, 혹은 알고 있다고 생각되는 것은 언젠가는 자기 삶에 엄습해 오는데, 그때 우리는 비로소, 그쪽이 한층 강력한 것임을 깨닫습니다. **우리에게는 양심의 아픔 쪽이 나쁜 세평보다는 훨씬 처리하기 쉬움을 깨닫는 거지요.** 그렇지만, 지금 우리가 냉철하게 용기를 내어 누군가 타인의 억압에 대한 두려움을 날려버리지 않는다면 사랑하는 사람들이 오랫동안 서로 같은 평등한 삶을 유지하지 못하는 것을 분노하면서 바라봐야 할 것입니다. (니체, 11)

나는 보리수나무 아래에서 **모든 고통과 다툼의 근원은 나와 남이 다르다고 생각하는 것**임을 깨달았지요. 하나의 예외도 없이, 타인이 자유로워야 자신도 자유로울 수 있습니다. 재물이나 지위의 분배는 경우에 따라 당장은 손해일 수도 있으나, 두 세대만 지나면 모두에게 이익이 될 것입니다. 이렇게 우리 모두가 서로 크게 다르지 않은 기분 좋고 맑은 산바람 같은 삶을 유지하려면, 자신의 재물, 특권의 증여가 불가능하게 되었을 때 비로소 가능합니다. 그때 비로소, 베풂이 시작되는 것이지요. (석가, 12)

지상에서 공자 선생의 인의(仁義)를 비판한 한비(韓非)입니다. 모두가 같아지는 이상의 세계, 그것은 부족한 자들, 가지지 못한 자들의 궤변이지요. 자연은 강한 자를 중심으로 발전하는 것이 순리이며, 이는 부정할 수 없는 명백한 역사적 사실입니다. 인간이 강해지려 하고, 그럼으로써 사람들을 지배하려는 권력에의 의지는 인간을 발전시켜온 근원적 힘입니다. 대저, 사람은 **상대방에 의지하여 자기를 위해 무언가 해주**

기를 바랄 뿐, 스스로 무엇을 하겠다는 생각은 별로 없는 법이지요. 다행히 요순 같은 임금이 나오면 잘 다스려지겠지만, 이는 1,000년 동안 세상은 혼란하고 어지럽다가, 비로소 한번 잘 다스려지는 것입니다. 뛰어난 지배자가 법술세(法術勢)에 의한 통제 정치를 하면 1,000년 동안 잘 다스려지다가 어쩌다 한 번 어지러워질 것입니다. 이를 어찌 비교나 하겠습니까? 다수의 사람이 행복하려면 모두 같아질 수는 없는 거지요. 인의(仁義) 정치를 주장하는 것은 100일을 굶은 자에게 나중에 훌륭한 쌀밥과 고기를 줄 테니 좀 더 기다리라고 하는 것과 같습니다. 더군다나, 지혜롭게 살도록 해주겠다는 것은 오래 살게 해주겠다는 것과 같이 더욱 불가능한 일이지요. (한비자, 13)

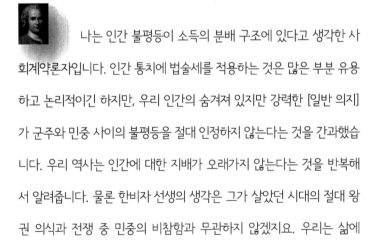 나는 인간 불평등이 소득의 분배 구조에 있다고 생각한 사회계약론자입니다. 인간 통치에 법술세를 적용하는 것은 많은 부분 유용하고 논리적이긴 하지만, 우리 인간의 숨겨져 있지만 강력한 [일반 의지]가 군주와 민중 사이의 불평등을 절대 인정하지 않는다는 것을 간과했습니다. 우리 역사는 인간에 대한 지배가 오래가지 않는다는 것을 반복해서 알려줍니다. 물론 한비자 선생의 생각은 그가 살았던 시대의 절대 왕권 의식과 전쟁 중 민중의 비참함과 무관하지 않겠지요. 우리는 삶에

서 서로 같은 인간을, 평등한 존중을 향한 사람들의 욕구보다 더 중요한 것을 찾을 수 없습니다. 그것이 인간을 악마로부터 지킵니다. 그러나 재력과 권력의 추악한 이기심은 공공 이익이라는 성스런 이름을 가장하여 이 [일반 의지]를 자주 침묵시킵니다. **사람들은 자유를 잃거나 노예가 되는 것보다 가난을 더 두려워하기 때문이지요.** 우리는 가난을 피하기 위해 노예가 될 수밖에 없는 사회는 용서해서는 안 됩니다. (루소, 14)

민중과 군중이 얼마나 어리석은가는 역사가 여러 번 보여주고 있습니다. 민주 정치는 다수의 바보들에 의해 다스리는 경멸할만한 중우(衆愚) 정치이지요. 보통 시민은 물질적 욕망을 벗어날 수 없고, 무사는 권력과 투쟁에서 자유로울 수 없습니다. 그러므로 공동체는 시민을 통치할 사람들을 선발하여 교육하고 육성해야 합니다. 이렇게 도덕적이고 정의로운 이상 국가를 위해 10세부터 50세까지 인생 대부분의 시간 동안 체계적이고 조직적인 교육이 필요하며, 이로부터 양성된 지혜와 이성을 중시하는 소수 지혜로운 자, 철학자가 공동체를 통치해야 합니다. 모든 사람이 같은 일을 할 수는 없습니다. **모두 같아지면 모두 어리석어집니다.** 사람의 기질과 능력에 따라 하는 일을 달리해야 하지만, 하는 일이 다르다고 인간의 가치가 같지 않음은 아닙니다. 무조건적 모두 같음

은 득보다 실이 많습니다. (플라톤, 15)

 나는 사랑과 영혼의 자유를 노래한 레바논 시인입니다. 서로 같음은 가장되어서는 안 됩니다. 위선은 삶을 절망케 합니다. 우리는 거짓 평등에 만족하고 인내해서는 안 됩니다. 적당하게 사람들을 기만하는 평등은 득보다 실이 많습니다. 나는 이렇게 노래합니다. (칼릴지브란, 16)

그대들 무엇을 가졌는가.
내일 필요할까 두려움에 움켜쥐며 지키는 것 아닌가.
그대들은 우물이 가득 차 있어도
채울 수 없는 목마름을 두려워하는가.
인색한 베풂이란 사람들에게 인정받으려는 것이니
그 은밀한 욕망은 베풂 마저 불결케 한다.
베풀되 주저함도, 기쁨도, 선(善)이라는 생각도 없는 이들 있으니
그들은 마치 저기 계곡의 도금양나무가
하늘을 향해 맑은 공기와 향기를 내뿜듯, 그렇게 베푼다.
이들의 손길을 통하여 대지의 신은 이야기하고
이들의 눈을 통하여 대지에 미소 짓는다.
과수원 나무, 목장 양떼는 결코 보답을 구하지 않으리니
아무것도 바라지 말라. 평등을 가장하지 말라.
사람들 가슴을 찢고 자존심을 벌거벗겨서
그 부러진 가치와 찢겨진 자존심을 보고, 그대들은 만족한가.
평등을 가장하여 그들을 참담케 슬프게 말라.

천상의 인류 정신은 지상의 사람들에게 "잘못 알도록 의도된 억압 푸코, 나와 남이 다르다는 생각에 기원하는 다툼 석가, 모두 행복하기 위한 평등의 일부 양보 플라톤, 가장된 평등의 참담함 칼릴지브란"에 대하여 그들의 성찰(省察)을 전하는군요. 지혜의 신으로서, 나는 지상의 사람들에게 이렇게 전합니다.

"서로 같음이 싫다면 숨쉬기도 싫어야 할 것이니
맑고 청명한 공기는 그것을 끊임없이 알려줍니다."

　🔲 서로 같아지면 득실도 없어집니다.

❀ 나 혼자 자유로운 건 오히려 슬픈 일이다

유학자들의 도덕적 가르침은 평등을 파괴합니다. 평등적 자유를 목표로 하는 일반 진리는 자유 정신을 가진 평등한 민중을 통해서만 비로소 구현 가능하지요. 요순을 기초로 하는 인의(仁義) 정치는 선왕들이 이미 베풀어놓았던 추구(推究)를 주워다가 제자들을 모아 가르치려 하고 있습니다. 옛날과 지금은 뭍과 물의 차이만큼이나 커서, 이를 흉내 내는 것은 배를 뭍으로 밀고 가는 것과 같아 수고롭지만 공(功)이 없고 몸에는 재앙이 있을 것입니다. 서시(西施)가 심장병을 앓아 가슴을 쥐고 눈살을 찌푸리기를 자주 하니, 동네 여자들이 이것을 보고 아름답게 여겨 모두들 가슴을 움켜쥐고 눈살을 찌푸렸지요. 그들 여자들의 어리석음은 왜 서시가 눈살을 찌푸리는가 그 까닭을 알려 하지 않음입니다. 인의는 선왕들의 여관이라, 하룻밤을 묵는 것은 괜찮으나 오래 묵어서는 부자유스러워 집니다. 옛날의 지인(知人)은 인을 한때의 방편으로 빌고, 의를 한때의 거처로 여겨 소요하면서 노닐며 간소함을 정신의 양식으로 생활했지요. 얽매임 없이 소요하니 작위가 없고 간소한 생활을 하니 살기가 쉬웠으며, 남에게 베푼다는 생각이 없으므로 자기 것을 내어놓는 것을 손바닥 뒤집듯 합니다. 부(富)를 옳다고 하는 자는 자기의 소득을 남에게 양보하는 일이 없고, 영달을 옳다고 여기는 자는 명성을 남에게 양여(讓與)함이 없으며, 현세를 사랑하는 자는 권력을 남에게 넘겨주지 못합니다. 이와 같은 자들에게는 하늘의 문은 열려 있지 않는 법이지요. 황제(黃帝)가 천하를 다스렸을 때, 백성 중에 그의 아버지가 죽어 곡을 하지 않는 자가 있어도 다른 백성들은 그를 비난하지 않았고, 요임금 때에는 백성 중 그 아버지가 죽었을 때 상복을 입지 않아도 다른 백성들은 그를 책망하지 않았습니다. 개인의 자유를 숭상했기 때문이지요. 조화는 평등과 자유 정신을 그 바탕으로 하는 법입니다. 자신이 평등과 자유에 조화롭지 못하고서, 어찌 남을 조화시키겠습니까? 그러므로 평등과 자유에 조화롭지 못한 자가 백성을 이끌도록 내버려 두어서는 안 됩

니다. 공정한 자는 자유롭고, 자유로운 자는 공평한 법입니다. (장자, 17)

르네상스 시대를 살았던 정치철학자입니다. 나는 목적이 수단을 정당화한다는 생각을 갖고 있지요. 사람들을 관찰해 보니, 그들은 그렇게 착하게 살지 않는다는 것을 알았습니다. 아니, 생각과 행동이 매우 간악합니다. 사소한 모욕에는 보복하려 해도, 엄청난 힘에 의한 피해에는 보복할 엄두도 내지 못합니다. 은혜도 모르고 변덕은 심한 데다가 위선자이며, 뻔뻔스럽고 물욕에 눈이 어두울 뿐만 아니라, 두려워하는 사람 앞에서는 벌벌 떨며 배반을 하지 못하면서, 자신보다 약한 자에게는 쉽게 등을 돌리지요. 약속은 잘 지키지도 않고 자기의 이익을 위해 의리나 정 같은 것은 서슴없이 내팽개칩니다. 속마음보다는 겉으로 나타난 모습으로 사람을 판단할 정도로 어리석고, 필요할 땐 어쩔 수 없이 선한 일을 하지만, 그렇지 않을 때는 나쁜 짓을 합니다. 아버지를 죽인 자는 잊어도 재산을 빼앗은 자는 잊지 못하지요. 사람은 이렇게 고약한 족속입니다. 이런 사람들이 자기 것으로 돌아오지 않을 일에 열심일 리 없지요. 이런 사람들이 가지는 평등은 오히려 많은 사람의 자유 정신을 해치고 억압할 것입니다. 그러므로 군주에게 필요한 것은 선함이 아니라 그들을 이끌 탁월함입니다. **군주는 사랑받는 자가 아니라 두려움의 대상이**

어야 하지요. 모두 평등하게 대한다면 세상은 악의 지옥으로 변할 것입니다. (마키아벨리, 18)

마키아벨리 선생, 어떤 한 인간이 사람 모두를 다스릴 수 있는 **탁월함과 용기**를 가질 수 있을 거로 생각합니까? 그들이 수단, 방법을 가리지 않고 평화로운 듯이 보이는 정치 체제를 유지할 목적으로 악을 저지른다면, 선을 위장한 악일 뿐이지요. 물론 나는 환영합니다만, 그런 인간은 내가 거의 본 적이 없어서.

마키아벨리 선생이 걱정하는 인간의 사악함은 악으로 다스리면 **더욱 흉악한** 세상이 되지요. 탐욕의 어둠 속 세상에서는 그것을 억압하여 다스리는 것보다, 선함의 밝은 빛으로 그곳을 밝히는 것이 엄정한 길입니다. 우리는 아무런 대가가 없을 때 오히려 더욱 희생적일 수 있습니다. 지혜로운 자는 불평등적 특권이나 대가를 의도로 목숨을 걸지는 않지요. **아무것도 바라지 않고 선함의 불빛을 발하는 자들**이 지금도 **아무도 모르게 실제 세상을 다스리고 있는 겁니다.** 군주가 세상을 다스린다고 생각하지 마세요. 길동무가 적어지고 재물이 많아지면, 장사꾼은 두려움에 밤길을 가지 못할 것입니다. 자유로우려면 함께 즐거워해 줄

친구가 필요 합니다. 이렇게 평등은 자유 정신을 북돋습니다. (석가, 19)

일정한 불평등은 권리의 존치를 위해 불가피한 조건입니다. 자연은 정신적인 타입과 근육질적인 타입 그리고 범용한 타입을 구분합니다. 범용성을 추구하는 범용한 자들에게는 범용한 것이 행복이지요. 노동자의 본능, 기쁨 그리고 자신의 보잘것없는 상태에 대해 느끼는 [불만 없음]을 뒤집어 놓고, 그들에게 시기심을 심어주고 원한을 가르쳐주는 사회주의자들을 나는 좋아하지 않습니다. 불평등한 권리가 결코 부당한 것은 아닙니다. 오히려 부당성은 모두가 동등한 권리를 주장하는 데 있습니다. 물론 가장 높은 계급은 소수자 정신적인 타입이고, 이들에게만 아름다움과 아름다운 것들이 허용되며, 너그러움이 약점이 안 됩니다. 아름다움은 소수자의 것이고, 너그러운 선(善)은 높은 계급만의 특권이지요. 우리 모두가 자유 정신을 원하는 것도 아닙니다. 그냥 주어진 범용한 삶을 살고 싶은 범용한 사람도 많습니다. 그러므로 그들이 범용한 삶을 살 수 있도록 탁월한 자들이 그들을 이끌어야 합니다. 우리 모두가 평등할 필요는 없고 평등해서도 안 됩니다. 이는 플라톤 선생도 크게 동의할 것이고, 범용한 자들이 스스로 원하는 바입니다. 여기서 오해하지 말고 주의해야 할 것은 이 불평등성이 그가 하는 일에 있는 것이지, 인간

자체에 있는 것은 아니라는 숨겨진 성찰(省察)입니다. (니체, 20)

16세기를 지상에서 살았던 인간 연구가가 한마디 하지요. 나이가 들면 우리 얼굴도 얼굴이지만 마음에 더 많은 주름이 잡힙니다. 그러니까 늙으면 시끄럽고 곰팡이 나지 않기란 드문 일이지요. 이렇게 인간은 성장을 향해서도 쇠퇴를 향해서도 전력으로 나아갑니다. 나는 소크라테스의 슬기로움을 생각할 때, 그가 풍부한 정신 작용이 마비되고 여느 때의 명석함이 둔하게 되는 것이 눈앞에 다가왔기 때문에, 일부러 죽음에 뛰어든 것이 아닌가 생각하고 있습니다. 아주 어릴 때는 평등을 추구할 필요도 없이, 모두 평등하게 생각하고 행동합니다. 평등에 있어서 나이 듦은 무서운 병이며, 누구도 피할 수 없이 서서히 다가오는 병입니다. 나이가 들면 자신이 꽤 다르다는 것을 나타내려고 안달이니까요. 이렇게 평등을 부정하기 시작하게 되면 자유도 서서히 그 모습을 감춥니다. 우리는 그 진행을 더디게 하기 위한 비상한 노력과 주의를 기울이지 않으면 안 됩니다. (몽테뉴, 21)

치열하게 삶을 탐구했던 독일 낭만주의 시인으로서 서로 같음을 추구하는 용기 있는 삶을 위해 나는 이렇게 제언(提言)합니다. 우리는 누군가, 무엇인가를 두려워할 때, 그것이 정당한 것인가를 생각해 봐야 합니다. **합당한 것도 아닌데 겁을 내어 아무것도 하지 않으면, 우리는 아무짝에도 쓸모없게 되지요.** 사기꾼들이 크든 작든 손해가 될 것으로 위협한다 해도, 우리는 부조리하게 억압하는 것을 단호히 무시해버려야 하고, 그것으로 해결되지 않는다면 그것들을 응징해야 합니다. 두려움을 떨쳐내고 스스로 그리고 모두에게 쓸모 있는 인간이 되려면, 절대로 그리고 반드시, 그 부당함에 냉철히 분노해야 하는 겁니다. (헤세, 22)

인류 정신은 "아무것도 바라지 않는 선한 베풂 장자, 불평등이 필요한 경우들 마키아벨리, 나이 듦에 따른 주의 몽테뉴, 올바르지 않음에 대한 정당한 분노 헤세"에 대하여 그들의 통찰을 지상에 전하는군요. 지혜의 신, 아테나는 이렇게 지상의 사람들에게 전합니다.

"자유로우려면 같이 즐거워해 줄 사람이 필요합니다.

평등은 자유를 억압하는 것이 아니라, 자유의 첫 번째 조건입니다."

"정원 속 이름 없는 작고 동그란 열매는 이미 붉은색이고

가벼운 미풍에 흔들리는 나뭇잎은 조금씩 노랗게 변해 갑니다.

이렇듯 평등합니다."

🔲 나 혼자 자유로운 건 오히려 슬픈 일입니다.

⚜ 서로 같음에는 그럴만한 대상이 따로 있지 않다

나는 삶에 대한 의지, '코나투스'를 발산할 수 있는 사회가 행복한 곳이라고 주장한 자입니다. 자신을 포함한 모든 존재는 신(神)의 표현으로, 세계 내 모든 것은 하나입니다. 신은 무한한 계속성을 가지고 자기 자신으로 존재하는 실체이며 자연 전체입니다. 자연의 극히 일부로써 인간은 물질과 사고라는 양태를 잠시 가질 뿐이지요. 인간을 포함한 우주 모든 개체는 신의 표현인 것입니다. 그러므로 **지상의 행복은 인간 중심이 아닌, 포괄적 생명체의 행복으로 재해석할 필요가 있습니다.** 이렇게 평등은 동식물 개체 일반까지 확대되어야 하고, 이는 모두가 신의 속성을 가지기 때문입니다. (스피노자, 23)

사람들이 보통 생각하는 형편없는 인간을 위해서도 평등을 고려해야 합니다. 평등은 형편없는 그에게 자신으로 돌아갈 기회를 주기도 하고, 때로는 형벌을 주기도 할 것입니다. 여기서 우리는 누가 과연 형편없는 인간인지 깊이 숙고해야 합니다. 사실은 누가 그런 인간인지는 함부로 이야기할 수 없으니까요. 자기의 현재 상태를 근본으로 해서 자기의 지혜를 남보다 낫다고 생각하는 데서 시비가 생겨납니다. 대저 사람은 자기를 근본으로 여기고 남에게 나의 주장을 받아들이게 하여 고집스럽게 이를 관철하려 하지요. 이러한 사람은 자기의 생각에 유용한 자를 지자(知者)라 하고, 무용한 인물을 우자(愚者)라 합니다. 세상에 인정되는 것을 명예라 하며, 인정되지 않는 것을 치욕으로 생각합니다. 이럴 경우 적지 않게, 매미나 메까치가 대공을 나는 붕새를 비웃는 것과 다를 바 없는 일이 생기는 것이지요. (장자, 24)

내가 시골 친구에게 보낸 편지를 보고, 사람들은 나를 어떤 폭력이나 위험 앞에서도 지켜야 하는 정의와 진실의 흔들림에 대해, 우려하고 분노한 자라고 하더군요. 평등의 파괴를 말하는 '압제'는 자기 범위를 벗어나는 보편적인 영역에 대한 지배욕입니다. 강한 자, 아름다운 자, 현명한 자, 신심가들의 분야는 각각이어서, 각기 자기 분야에서만 지배하지 다른 분야에서는 지배하지 못하는 법입니다. 그런데 어쩌다가 다른 분야 이들이 충돌해서, 예를 들면 강한 자와 현명한 자가 서로 누가 지배하느냐를 가지고 싸우는데, 이것은 어리석은 일입니다. 이들 지배권은 서로 다른 종류에 속하기 때문이지요. 이렇게 우리는 모두 타인이 침범할 수 없는 자신의 영역이 있으며, 이로써 모두 어느 정도 평등할 수밖에 없는 운명입니다. (파스칼, 25)

나는 인간과 신 그리고 사회에 대한 불신과 저주를 퍼부은 프랑스 시인입니다. 우리는 누구나 평등하다고 생각하지만, 그것은 우리가 약자이거나 동등한 상태일 때뿐이지요. 자신이 강자가 되었을 때, 마음속 깊은 곳에는 숨겨진 불평등으로 무장한 악마를 우리 모두는 대부분 가지고 있습니다. 상대가 보잘것없거나 형편없는 자들일 경우, 우리에게 평등은 더 이상 없습니다. 교묘히 숨기고 있을 뿐이지요. 욕심 많고 소심한 자들은 예외 없이 어리석은 짓으로 가득하고 그들의 동류를 비슷한 바보로 만들며, 일생 동안 그것을 영예로 생각하면서 어떻게 해서든지 영혼을 타락시킵니다. 서로 같음을 가장한 영예에 대하여 나는 타인들처럼 웃고자 했으나 그 괴상한 모방은 불가능했습니다. 나는 비슷하게 하려고 날카로운 칼로 입술 사이를 쨌습니다. 피가 입술 사이로 철철 흐르고 그들 웃음과 같은지 구별조차 할 수 없었습니다. 그러나 조금 비교해 보니 내 웃음은 그들과 닮지 않았다는 것을 알았지요. 세상은 단단한 바위 같은 자들, 견고함으로 무장한 쇳덩이 같은 자들, 잔인한 상어 같은 이빨을 가진 자들, 건방진 것 외에는 아무것도 모르는 젊음, 지각없는 분노만 일삼는 범부들, 배반의 위선자, 희극 배우의 이상야릇함, 어리석고 강직한 사제, 세상에 냉담한 사람들, 더러운 머리와 흐릿하고 무서운 눈을 가진 사람들로 가득했습니다. 그들은 인간 예찬자를 지치게 하고 억누를 수 없는 분노를 일으킵니다. 평등이라고? 그건 웃음거리일 뿐입니다. (로트레아몽, 26)

지상에서 삶의 기술, 철학을 사랑한 로마 16대 황제입니다. **우리 마음속 고귀한 것을 발견하는 것이 얼마나 시급하고 중요한 것인지 잊지 말아야 합니다.** 우리는 언제나 우주 속 가장 [고귀한 것]을 존중하며 섬겨야 합니다. 또한, 모두가 존중하는 대상이며, 모두를 규율하는 고귀한 대상을 경외해야 하지요. 동일하게, 우리 개인 속에서 살아 숨 쉬는 [고귀한 것]을 존중해야 하는데, 그것이 바로 당신들을 지배하는 것이기 때문입니다. 그 고귀한 것은 예외 없이 우리 모든 존재에서 동일합니다. 이처럼 각자 고귀한 '개체의 가치'는 모두 존중되어야 하며, 냉철히 지켜야 할 우주 속 진리입니다. (아우렐리우스, 27)

인류 지성은 "생명에 대한 평등의 포괄성 스피노자, 자기 우월성의 부정 장자, 고귀한 자기 영역 파스칼, 평등의 타락 로트레아몽"에 대하여 그들의 성찰을 전하는군요. 지혜의 신, 아테나는 서로 같음의 대상에 대하여 이렇게 지상의 사람들에게 전합니다.

> "평등을 그럴만한 가치 있는 인간으로 제한하면
> 그것은 신과 관련 없는 인간의 일이 될 것입니다."

🔲 서로 같음에는 그럴만한 대상이 따로 있지 않습니다.

✤ 평등을 가장하면 행복도 가장한다

나는 춘추시대, 무위(無爲)의 선인입니다. 인간의 이상향은 완전 평등한 세상입니다. 이를 위해서 무욕, 무위자연을 추구하는 것이 최선이지요. 천지는 무궁무진합니다. 천지가 무궁무진할 수 있는 까닭은 무릇 존재가 자신을 위해서만 사는 존재가 아니기 때문이지요. 그런고로 진리를 체득한 성인은 자신을 남보다 뒤로 돌림으로써 결과적으로 남보다 앞에 나서게 되고, 자신을 잊고 남을 위함으로써 결과적으로는 영원히 세상에 남게 됩니다. 이는 결국 자기 자신을 버리고 남을 위한 때문이지요. 이는 자기 자신을 영원한 존재로 만듭니다. 최고의 선덕(善德)은 물(水)과 같습니다. 물(水)은 만물에게 생명과 이로움을 베풀지만 자신을 위해 고명을 다투지 않고, 언제나 모든 사람들이 싫어하는 낮고 비천한 곳에 처해 있습니다.

그러므로 물의 특성은 진리에 가깝지요. 물(水)은 다투지 않습니다. 따라서 허물이 없지요. 서른 개의 바큇살이 하나의 바큇통에 다 같이 꽂혀 있으나 바큇통 한복판 빈 곳에 바로 수레를 작용시키는 요인이 있습니다. **흙을 이겨서 그릇을 만들지만, 그릇의 텅 빈 곳에 바로 그릇의 쓸모가 있지요.** 벽을 쌓고 문과 창으로 방을 만들지만, 쓰이는 곳은 빈 공간입니다. 그런고로 유(有)의 물건이 이롭게 쓰여지는 까닭도 결국 빈 무(無)가 활용되기 때문이지요. 모두 같이 쓰임을 알아야 비로소 모두 같이 행복할 수 있습니다. (노자, 28)

노자 선생, 인간들 중에는 나 같은 악마가 적지 않아 평등을 이용해 나태함을 마음껏 누리는 내 추종자들이 적지 않습니다. 선생은 모두 같은 세상이 이상향이라 하지만, 사실 그것은 나 같은 악마의 자식들의 이상향이지요.

벨페고르 선생, 노자 선생의 말은 그래도 그들 모두를 포용한다는 뜻입니다. 모두 쓰임이 다 있다는 것이지요. 보통, 행복은 타인보다 우위를 확보함으로써 달성되는 법입니다. 쓸데없는 도덕 타령할 것 없습니다. 사실, 이것은 마음속으로는 모두 다 알고 있지 않습니까? 평등을 중시하고, 겸손하고 부지런하며, 호의적이고 절도 있는 여러분은 사람들 모두 그러하기를 바랍니까? 선인(先人)이 그렇게 이야기했나요? 하지만 나는 그것을 이상적 노예, 다가올 미래의 노예에 지나지 않는다고 생각합니다. 이상적인 노예는 스스로를 목적으로써 설정할 수 없고, 또 대체로 자기 내부로부터의 목적도 설정할 수 없는 자들입니다. 그런 자는 무아(無我) 평등의 도덕에 대해 외경을 표하지요. 본능적으로 그의 모든 것이, 즉 그의 영리함, 그의 경험, 그의 허영이 무아의 도덕을 따르도록 설득하는 겁니다. 게다가 신앙 또한 그러하니. 모두를 평등한 노예로 만들려고 혈안이 되어있는 듯합니다. 악마적 평등에 역으로 이용당하지 않도록 주의해야 합니다. (니체, 29)

노예적 평등이 행복을 준다는 것은 착시 현상일 뿐입니다. 감옥 속 평등이 무슨 의미가 있겠습니까? 우리는 **힘 있는 자들이 선심 쓰는 듯한 평등을 원하지 않습니다.** 그러므로 우리가 분노하면서 생각해야 할 것은 '선심이 아닌 진심으로' 서로 평등을 원하도록, 무엇을 감시해야 하는지, 무엇을 원해야 하는지, 무엇에 대하여 투쟁해야 하는 지입니다. 불완전한 평등은 불완전한 행복, 어쩌면 또 다른 불행을 잉태합니다. 지상은 불완전한 평등으로 부패해 있습니다. 하지만 이렇게 심하게 타락한 시대에 태어난 것도 좋은 일입니다. 왜냐하면, 다른 시대 사람들에 비해

서 비교적 쉽고 값싸게 성인군자라는 말을 들을 수 있기 때문이지요. (몽
테뉴, 30)

나는 진보적 사회와 실존적 개인을 그린 러시아 소설가입니
다. 어쨌든 그래도 우리는 평등을 추구합니다. 평등한 우리는 좀 더 행복
에 가깝기 때문이지요. 그렇게 어려운 일도 아닙니다. 과도한 불평등만
제거하면 됩니다. 나는 소설 '지하로부터의 수기'에서 이렇게 말했지요.
[만약 누군가 거드름을 피우며 나를 모욕하려고 생각하는 것이라면 그
래도 참을 만하다. 나도 무언가, 같이 주먹을 쓰던, 침을 뱉던 응수 해주
면 그만이니까. 그러나 자기가 나보다 훨씬 우월해서 나를 봐줄 수밖에
없다는 생각이 그의 머저리 같은 머리에 떠올랐다면? 바로 이 생각에 나
는 숨이 막힐 것 같다.] 조금 뛰어난 자들 가슴 깊이 자리 잡은 인간 불평
등을 즐기는 기분 나쁜 우월감에 나는 참을 수 없이 분노합니다. (도스토
예프스키, 31)

인류 정신은 "모든 빈 곳의 쓸모 노자, 노예적인 것의 특성 니체,
선심 쓰는 듯한 평등의 위선 몽테뉴, 조금 뛰어난 자들의 기분 나쁜 우월감
도스토예프스키"에 대해 그들의 오랜 지혜를 지상에 전하는군요. 나는 사람
들에게 이렇게 전합니다.

"작은 차이를 인정하면 불평등을 인정하는 셈입니다.

어떤 저항이 있어도 양보는 안 됩니다.

거리의 걸인이나 일국의 제왕이나 추호의 차이도 없어야 합니다."

나는 그리스 동화작가입니다. 내 경험상, 이성적으로는 평등에 추호의 차이도 없어야 하지만, 세상은 평등을 바라는 자와 바라지 않는 자로 극명하게 나누어져 있습니다. 평등은 자유를 나누어 주는 것입니다. 자유롭고 싶으면 주위 열 사람만 자유롭게 하세요. 그들이 나를 자유롭게 할 것입니다. 이는 진리가 주는 자유보다 훨씬 가깝지요. 나는 우화로 이렇게 말했습니다. [말과 나귀가 주인과 함께 길을 가고 있었다. 나귀가 말했다. "내 짐을 나누어 들어 주게. 무거워 죽을 지경이야. 내 목숨을 구해 주게." 그러나 말은 모르는 척했다. 탈진한 나귀는 쓰러져 죽고 말았다. 주인은 나귀 짐을 모두 말에게 지웠다. 죽은 나귀 가죽과 함께.] [한 군인에게 말 한 필이 있었다. 전쟁이 끝나자 주인은 말을 노예처럼 부리고 왕겨밖에 주지 않았다. 갑자기 다시 전쟁이 선포되고 군인은 다시 소집되었다. 그러나 말이 병들고 너무 쇠약해져 대우 좋은 기병에는 입대할 수 없었다.] [제우스 신의 명령으로 프로메테우스는 사람과 짐승을 만들었다. 제우스가 사람보다 짐승들이 훨씬 많은 것을 보고 짐승의 일부를 사람으로 바꾸라고 명했다. 짐승 같은 사람들이 있는 까닭이다.] 우리는 가능할 때 다른 사람을 존중하고 그들에게 최대한의 자유를 줌으로써 머지않아 우리도 그들로부터 자유를 선물 받게 될 것입니다. (이솝, 32)

[모두 같음]이 꼭 좋지만은 않습니다. 우리 과시욕을 만족시켜 줄 수 없기 때문이지요. 지혜의 신, 아테나 모르게, 과도하지만 않다면 약간은 봐줄 만도 합니다. 우리는 인간이니까요. 더 열심히 일하는 자가 더 많이 가지는 것이 평등입니다. 이 원리가 지켜지지 않는다면 오히려 평등의 원리에 위배되지요. 그러나 서로 같음에 대하여, 이것만은 잊지 말아야 할 것입니다. 우리는 자기가 가진 [의견] 때문에 '자신을 불태워 죽이는 일'은 하지 않을 것입니다. 우리는 그만큼 자기 [의견]에 대하여 확신하고 있는 것은 아니기 때문이지요. 하지만 아마도 **우리가 자기 의견을 가질 [자격]을 그리고 그것을 변경할 [자격]을 얻기 위해서는 그렇게 해야 할 것입니다.** (니체, 33)

나는 군자 교육을 위해 인의예지 사상을 정립한 유학자입니다. 인(仁)과 예(禮)가 세상을 바르게 할 것입니다. 임금은 신하를 부리는 데 예로써 하며, 신하가 임금을 섬기기를 충으로써 할 일입니다. 임금은 임금답게, 신하는 신하답게 책임과 본분을 다해야 하지요. 지배자와 평민은 엄연히 구분되어야 세상은 비로소 평화롭고 행복해집니다. 모두 평등하면 인간의 이기심은 인예(仁禮)의 두려움이 없어, 세상을 어지럽히고 모두를 불행하게 할 것입니다. **모든 이가 평등해야만 모든 이가 행복한 것은 아닙니다.** (공자, 34)

나는 영국 경험론자입니다. 보통, 평등을 통해 이익을 보는 자는 그것을 원하고, 손해를 보는 자는 바라지 않을 것입니다. 이 논리는 서로 같음, 평등을 약자의 이기주의적 욕망쯤으로 그 의미를 호도할 수도 있겠지요. 평등을 통해 손해 본다고 생각하는 자들이 그들 편에 설 것입니다. 그러나 평등은 '바라고 바라지 않고와는 무관한' 신이 부여한 절대 권리입니다. 평등은 포기 불가합니다. 왜냐하면, 이는 우리가 사는 공동체를 구성하는 이유이고 또한 해체시키는 이유이기 때문입니다. 즉 **평등을 위해 공동체를 구성한 것이며, 평등이 깨지면 공동체를 유지할 아무런 이유가 없습니다.** 자연 상태에서는 다툼이 나도 일대일의 작은 싸움이지만, 권력을 과도하게 위임받은 집단이 구성되면 이들은 무자비하게 개인의 생명, 재산, 자유를 침해하고, 더욱 큰 탐욕을 위해 전쟁까지 일으킵니다. 전쟁은 민중에게 애국을 빙자하여 개죽음보다 못한 의미 없는 희생을 강요하지요. 이것이 우리가 [불평등적 권력]에 대하여 냉철히 전복, 파괴를 도모해야 하는 이유입니다. (존로크, 35)

인간의 역사는 [관념이 아니라 물질에 의해 움직임]을 통찰한 사회과학자라고 사람들이 나를 평가합니다. 평등은 그것을 바라는 자와 바라지 않는 자가 있는 것이 자연의 이치입니다. 자연에는 강자와 약자가 있기 마련이고, 강자가 모든 것을 가짐으로써 사회는 계속 진화하는 것이지요. 즉 계급 투쟁이 역사 발전을 이끌어 온 원동력입니다. 자본주의 사회에서 노동자 계급은 자기가 생산한 재화의 주인이 아니라 자본을 위해 착취당하는 노예 같은 열등한 지위를 갖습니다. 잉여 가치를 실제 생산하는 것은 노동자지만, 그것을 자본가들이 탈취, 소유하기 때문입니다. 평등하지 않은 이유가 부조리하다는 것을 알면서도 맞서 투쟁하지 않는 것은 유약하다 못해 어리석은 것입니다. (마르크스, 36)

마르크스 선생 말대로 투쟁으로 행동하지 않는다면 어리석음은 물론이고 용기없는 겁쟁이들이지요. 지상 세계는 분노하지 않는다면 아무것도 얻을 수 없는 욕망으로 가득한 부조리한 곳입니다.

분노의 악마, 사탄 선생이군요. 폭거와 파괴가 속성인 사탄의 분노에 사람들은 가끔 넘어가지만, 천상의 지성은 그 냉철함으로, 선생의 유혹에 쉽게 넘어가지는 않을 겁니다. '봄날 정오 같은 따뜻함'으로 지속하는 행복을 위해서는 우리는 서로 다르지 않아야 합니다. 인류 지성은 "나누지 않음의 보복_{이솝}, 평등을 위한 계급 투쟁_{마르크스}"에 대해서 그들의 성찰(省察)을 전하는군요. 니체 선생 말대로, 지상의 사람들은 그 [평등할 자격]을 위해 목숨을 걸고 분노해야 할 것입니다. 지혜의 신, 아테나는 지상의 사람들에게 이렇게 전합니다.

"평등은 자유와 함께 제2의 진리 조건입니다.

그것을 폄하(貶下)해봐야 무지를 드러낼 뿐입니다."

🖥 평등을 가장하면 행복도 가장합니다.

✤ 우월함으로 허영적인 인간은 사실 가장 노예적이다

모든 사람이 평등한 세상을 바라는 것은 철학의 허영입니다. 그렇지만, 불평등에는 조건이 있는데, 그것은 그 차이가 서로 인정할 수 있을 정도이어야 한다는 것입니다. 완전한 평등은 분명 약자의 허영이지요. 하지만 강자 중심의 불평등한 세상 또한 분명 그들의 허영입니다.

모두가 완전히 평등한 허영을 바라진 않겠지만, 불평등의 허영을 묵과할 수는 없겠지요. 강자의 허영을 파괴하기 위해서는 장막 뒤에 숨어있는 권력이 훈육해온 지배 구조를 철저히 규명하고 또 해체해야 합니다. (푸코, 37)

삶은 원래 불평등한 것입니다. 인간으로 태어난 것 자체가 이미 다른 동물로부터 불평등적 특권을 누리고 있는 것입니다. 이렇듯 어떤 자연계 현상에서도 평등이란 있을 수 없는 거지요. 인간도 동물을 벗어날 수 없고, 이성보다 자연적, 동물적 본능이 앞섭니다. 이렇게 평등은 허영입니다. 「가장 겸손한 인간」이라 생각하는 자가 자기를 자연과 세상에서 '인간'이라 느끼면서 갖는 허영심에 비교하면, 「가장 허영적 인간」이 사람들 사이에서 갖는 허영심 따위는 아무것도 아니지요. 아무리 미약한 자도 이렇게 허영심으로 가득 차 있습니다. 그러나 허영심을 유지하기 위해, 즉 인간이 동물처럼 행동하는 것을 막기 위해, 우리에게 너무 많은 쇠사슬이 메어져 있습니다. 인간은 아직 쇠사슬 병 중이지요. 그래도 병은 고쳐야 하지 않겠습니까? 이렇듯이 **불평등적 특권을 누리기 위해서는 항상 쇠사슬을 각오해야 하는 법입니다.** 따라서 세상은 이미 이상적 평등 상태인지도 모릅니다. (니체, 38)

사람의 허영심은 있지도 않은 상류 계층을 마음대로 만듭니다. 허영심을 이용한 장사가 잘되는 이유이지요. 우리 중 상당수는 권력과 부의 보잘것없는 부스러기를 잡고 자신이 평등하다고 생각합니다. 이런 허영적 평등은 그 부스러기가 없어진다면 바로 초라함이 몰려들지요. 강자와 약자로 서로를 이용하는 이런 세상 속에서 우리는 근본적으로 평등할 수 없을 것 같다는 생각이 듭니다. 그렇지만 어떤 면에서 바라보면 모든 사람의 평등을 지향하는 것이 니체 선생 생각과 달리, 꼭 철학자의 허영이 아닐 수도 있습니다. 왜냐하면, 인간은 아무리 아니라고 발버둥 쳐도 어차피 크게 다르지 않은 이런저런 사람들이기 때문이지요. 그런데 이런 별거 아닌 사람이 다른 사람들 득실에 영향을 미치는 조금 높은 자리, 좋게 말해서 **권력의 위치에 올라, 그들의 의도대로 조금 특별하게 자신을 대하도록 강제하는 것을 옆에서 보고 있으면, 그 뻐기는 모습이 우습기도 하고 조금 안쓰럽기도 합니다.** 그 볼썽사나운 모습을 그대로 방임하는 철학자는 그 일을 빨리 그만두는 것이 좋습니다. 그들이 꼭 마음에 들지는 않지만, 그래도 철학은 인간을 위한 학문이니까요. (푸코, 39)

허영심은 타인으로부터의 인정(認定)을 갈구하는 인간의 노예 본능에서 기원합니다. 인간은 본능적으로 강자에 대하여 평등이 아니라 불평등을 구걸하지요. 우리의 평등은 허영에 불과합니다. 왜냐하면 삶이란 권력에의 의지이기 때문입니다. 그러면 도덕은 누구의 권력에의 의지일까요? 소크라테스 이래 유럽 역사에 있어서 공통된 것은 도덕적 가치를 그 밖의 모든 가치의 지배자가 되게 하려는 시도입니다. 그 배후에는 세 가지 본능이 감춰져 있습니다. 강자나 독립자에 대한 가축떼의 본능, 행복한 자에 대한 얼뜨기의 본능, 예외자에 대한 평범한 자의 본능이 그것이지요. "[평등]의 문제? 우리는 모두 아리스토텔레스적 [탁월함]을 겨냥하고 있는데, 무슨 평등을 지향하려 하는가?" 자기 자신의 독창적 비평등적 가치 정립을 단념하는 것, 모든 사람이 비굴한 단념을 하도록 엄중히 요망하는 것, 이것이 평등의 탈을 쓰고 있습니다. 이제 각 사람은 이 가치 평가에 의해 복종하고 있지요. 가축떼 본능은 중간의 것과 중위의 것을 최고이자 가장 가치 있는 것으로 평가하는데, 이곳은 다수자가 살아가고 있는 장소이며, 다수자가 이 장소에서 살아가는 방식인 것입니다. 이리하여 이 본능은 모든 위계의 반대자가 되는 것이지요. 가축떼는 자기 이하의 것이든 자기 이상의 것이든, 예외자를 자신을 적대하고 위해를 가할 그 무엇인가로 느낍니다. 탁월함, 즉 상위를 노리는 예외자를 다루는 가축떼의 중요한 솜씨는 이 자들을 설득하여 가축떼를 섬기는 제일의 봉사자가 되게 하는 것입니다. 중간의 것 속에서는 공포라는 것이 없어지지요. 거기에는 자신의 동료뿐이기 때문입니다. 거기에는 평등이 있고 자신의 존재가 정당화되지요. 불신은 예외자에 관한 것이며 예외자가 되는 것은 죄책으로 간주됩니다. 가축떼는 이렇게 평등을 구현하는 것이지요. (니체, 40)

그래도 우리는 완전한 평등을 희구합니다. 그곳은 의외의 곳에 있지요. 보통, 사람들은 푸른 언덕, 모래 해변, 산기슭에 은둔하기를 원하지만 그런 꿈은 정신의 세계에 들어선 자에게는 부질없는 것입니다. 원하기만 하면 언제나 당신 속 깊이 은둔할 수 있기 때문이지요.

> 자신의 영혼 속은 더없이 고요하고 평화로운 은신처.
>
> 영혼 속 풍부한 덕(德)을 가진 사람이면
>
> 그 덕으로써 곧 마음의 평온이 다가오리니.
>
> 평온한 마음은 정연히 정돈된 정신.
>
> 그대의 원칙은 간결한 것일수록 좋으리니.

그곳은 권력도 재력도 명예도 필요 없는 자신만의 [평등 영역]입니다. 그곳에서는 완전한 평등도 허영이 아닙니다. 이 마음속 은신처에서 자신을 채찍질하고 또 일신하십시오. 그 담금질로 당신은 비로소 세상을 평등하게 바라볼 수 있으니까요. (아우렐리우스, 41)

인류 정신은 사람들에게 "권력이 훈육한 지배구조 해체 푸코, 쇠사슬에 묶이는 불평등적 특권 니체, 자신을 과시하는 자들에 대한 안쓰러움 푸코, 사람들의 가축떼 본능 니체, 마음속의 평온 아우렐리우스"에 대하여 그들의 예지(叡智)를 전하는군요. 지혜의 신, 아테나는 이렇게 전합니다.

"평등은 각자 모두가 타인에 대한 의존이 필요 없는 상태입니다. 누군가의 호의가 그에게 의존하게 하려는 의도인지 주의할 일입니다."

🔲 **우월함으로 허영적인 인간은 사실 가장 노예적입니다.**

비를 맞은 정원은 색을 더욱 선명히 한다. 두 개의 단으로 장식된 작은 분수는 온순히 물을 뿜고 있고, 희고 작은 나비는 불규칙적으로 방향을 마음대로 바꾸면서 주홍빛과 자줏빛 꽃을 찾고 있는듯하다.

⚜ 누군가에 평등을 맡기느니 신에게 목숨을 맡기겠다

나는 프랑스 '차이의 철학자'입니다. 차이성이란 일면, 동일성의 결과입니다. 우리는 보통 두 존재가 다르다고 할 때 이는 두 존재는 이미 최소한의 비교적 안정적인 동일성을 가지고 있음을 나타냅니다. "사과는 배와 다르다." 이처럼 다름 속에서도 질료라는 동일성이 이미 작동하고 있는 것이지요. 나는 이런 기반적 동일성을 비판합니다. **"차이성이 동일성을 앞선다."** 우리는 모두 고유한 '차이'를 가지고 있지요. 그러나 이 차이를 인정하는 것만으로는 다름의 진정한 의미를 실현할 수 없습니다. 그 속에 음흉함이 숨어 있기 때문이지요. 차이는 모든 사물의 배후에 있습니다. 그러나 이 차이의 배후에는 아무것도 없지요. 여기서 간과하면 안 되는 점이 있습니다. 차이의 진정한 의미는 차이의 평등, 차이에 대한 서로 같은 시선입니다. 동일성의 서로 같음이 아닌, 차이의 서로 같음이지요. 나는 형이상학적 동일성을 비판하고 차이를 주장하지만, 이는 차이의 가치를 서로 인정하고 수용한다는 '차이의 동질화' 조건하에서 뿐입니다. 사과·배는 과일로서가 아니라, 사과·배 그대로 서로 같은 것이지요. **개별 삶은 차이를 반복해서 만들어 가는 끊임 없는 실존적 양태입니다.** (들뢰즈, 42)

사람들은 사회계약적 국가를 주장한 영국 철학자로 나에 대해 말합니다. 우리 중에는 뛰어난 인간이 존재하며 그들에게 우리 권리를 양보하여 통치하도록 하는 것이 일면, 현명해 보이기도 합니다. 인간은 억압, 통제되지 않으면, 본성상 자기 이익을 위해 모든 것을 파괴할 준비가 되어 있는 저급 동물이기 때문이지요. 사람들이 누군가에게 복종하는 것은 이익을 주거나, 그가 해를 끼칠 정도로 강력할 때뿐입니다. 자연 상태에서는 힘이 정의이지요. 이때 힘의 평등은 오히려 사람들에게

독으로 작용합니다. 폭력적 투쟁이 동물과 다르지 않게 삶을 지배할 것이기 때문이지요. 우리가 괴물 리바이어던이 필요한 이유입니다. 인간의 야만적 자연 상태의 억압을 위해서, 평등은 일정 부분 타인 또는 국가에 얼마든지 양도될 수 있고, 아니 양도해야 합니다. (홉스, 43)

인간 불평등은 소유에서 기원합니다. 소유의 불평등이 인간 불평등으로 발전하지요. 인간은 자연인으로 태어났지만 어디서나 쇠사슬에 묶여 있습니다. 우리는 자연인의 순수함과 선량함을 올바른 이성의 힘을 빌려 회복해야 합니다. 나는 홉스 선생과는 달리, 민중을 통제와 지배와 같은 힘으로 복종시키는 것이 아니라, 사람들의 선한 본성을 바탕으로 힘이 아닌 순수 계약에 의한 질서를 만들어야 한다고 생각합니다. 인간은 모두 똑같이 존엄한 [일반 의지]를 가지고 있기 때문이지요. 우리의 최선은 사회 계약을 통해 국가에 원초적 자유를 최소한 일부만 제공하고 그만큼 시민의 자유를 획득하는 것입니다. 일반 의지는 누구에게 양도될 수 없기 때문입니다. (루소, 44)

나는 정반합 변증법으로 만물의 변화 과정을 통찰한 독일 철학자입니다. 보통, 존경할만한 인물은 이미 자신의 권리를 양보한 자이고, 이를 간파한 사람들은 그에게 평등을 양보하는 것입니다. 그러므로 존경할만한 인물은 평등했다면 이미 돌려받았어야 할 것을 저축한 사람이지요. 이렇게 우리는 경우에 따라서 평등을 양보할 수도 있습니다. 이는 홉스 선생의 사회계약과 반대로 인간의 자발적 선과 희생이 필요합니다. 루소 선생의 자연인에 대한 생각도 다른 관점에서 돌아볼 필요가 있습니다. 자연은 자유의 표현이 아니라 필연성과 우연성의 표현입니다. 인간의 순수함과 선량함은 우연성을 포함하지만, 필연성으로 설명되지 않습니다. 자연은 평등도, 불평등도 원하지 않습니다. 필연과 우연만이 인식 넘어 존재할 뿐이지요. 원래부터 존재하는 무조건적 평등은 없습니다. **그것을 받을만한 필연 속에서 평등은 양도되는 것이고, 그렇게 [필연적 평등 세상]이 구성되는 것입니다.** 이런 평등적 삶을 위해서는 지향점을 철저히 그리고 냉철히 분석하고, 그것을 필연으로 만들어가야 하는 것이지요. (헤겔, 45)

천상의 선생들은 지배함의 시련과 지배받음의 안락함을 잘 모르는 것 같군요. 뛰어난 자들에게 평등을 양도하고 그들이 만드는 탁월한 세상에서 고뇌 없이 지내는 것도 나쁘지 않은 선택입니다. 멍청한 사람들이 우왕좌왕하는 것은 악마인 내가 보기에도 안쓰럽지요. 고뇌란

것은 스스로 만들어내는 지옥일 뿐입니다.

나태의 악마, 벨페고르 선생의 유혹에 빠지면 세상은 그들 것입니다. 고뇌는 지옥의 형벌이 아니라, 신의 최고 선물이며, 신과 만날 수 있는 비밀의 열쇠이지요. 인류 정신은 지상의 사람들에게 "차이의 동질화 들뢰즈, 괴물 리바이어던의 필요성 홉스, 인간을 묶고 있는 쇠사슬의 파괴 루소, 필연적 평등의 구축 헤겔"에 대하여 그들의 통찰(洞察)을 전하는군요. 지혜의 신 아테나는 지상의 사람들에게 이렇게 전합니다.

"평등을 기꺼이 양보할만한 자가 있다면

그는 신(神)이거나 양보를 필연으로 이끌 냉철한 인간입니다."

누군가에 평등을 맡기느니 신에게 목숨을 맡기겠습니다.

❋ 평등을 가르칠 수 있는 자는 신만큼 가치 있는 자이다

나는 경험론과 합리론을 통합한 독일 철학자입니다. 우리 가 찾는 진리는 눈앞에 있는 대상(物自體)에 있는 것이 아니라, 개별 주체에 있습니다. 나는 이렇게 진리를 불가지론적 대상으로부터 선험적 이성을 가진 개별 인식 주체로 위치 이동시킵니다. 이때, 개별 주체는 현상을 감각으로 수용하고 12개 범주의 선험적 이성으로 세계를 해석하지요. 이렇게 우리 모두는 진리 해석자이고 세계 해석자인 것입니다. 누구도 진리를 가르쳐 주지 않지요. 평등을 가르치는 것도 삶의 현상에 대한 개별자 본인의 감각과 이성에 기초합니다. **평등을 가르칠 수 있는 자는 신(神) 또는 나, 둘밖에 없습니다.** (칸트, 46)

모든 것을 평등하게 보고 생각하는 아이들에게 우리가 교육하는 것은 불평등을 야기하는 이기심뿐입니다. 어느 누구도 평등을 가르쳐 본 일이 없습니다. 지상에서 평등의 중요성을 교육하고 그것에 대하여 토론해 본 적이 있기는 한지 의문입니다. 노예제가 폐지된 지 100년도 지나지 않았고, 인류 역사상 진정한 자유와 평등을 실현했던 시대는 아직 없습니다. 사람들에게 누가 평등을 가르친 적이나 있습니까? **사람들에게 가장 위험한 망각이 있는데, 그것은 타인을 사랑하는 것을 잊는 일에서 시작해서 [사랑할 가치 있는 것을 스스로 더 이상 발견하려 하지 않는 일]로 끝나는 망각입니다.** 평등도 다르지 않습니다. 더는 그것을 발견하려 하지 않음으로써, 그 위험이 썰물처럼 밀려옵니다. 아무리 위대한 스

승도 [찾으려 하지 않는 자]에게는 등을 돌리는 법입니다. (니체, 47)

정원 속 가을 나뭇잎에는 공평이 녹아 있습니다. 태양과 공기의 공평함입니다. 창밖 버드나무는 아직 녹색이지만 잎이 큰 떡갈나무는 이미 깊은 노란색으로 변해 버렸습니다. 이는 [시간은 의외로 공평하지 않다]는 오해를 불러일으킵니다. 그렇지만 이는 잠시일 뿐, 다가오는 계절 속에서 모든 수목(樹木)은 평등합니다. 나는 이렇게 노래합니다.

> 저녁 구름이 완전하고 아름답게 희열에 차서 솟는다.
> 그 어떤 시인도 생각해낸 적이 없듯이 그렇게.
> 돌아가신 내 어머니가 지녔던 고요한 시선으로부터
> 진정한 가치와 아름다움은 내 것이 되지 않고
> 그래서 소멸하지도 않으리니.

연록의 들판은 아무것도 바라는 바 없는 평등의 가치를 가르칩니다. 서로 나누면, 어느새 세상은 모두의 것입니다. (헤세, 48)

❦ 행동하고 의지하지 않는 평등은 복종하는 것이다

개별 자유 의지는 운명마저 지배하는 존재의 근원적 힘입니다. 그 의지는 가볍고 자유롭게 삶의 형태를 변경해 가지요. 자신에게 명령하지 못하는 자는 누군가에게 복종할 수밖에 없습니다. 나는 짜라투스트라의 입을 빌려 이렇게 말합니다. "그대들이 '어디서 왔는가'가 아니라, '어디로 가는가'를 그대들 명예로 삼아라. 그대들 자신을 넘어서려는 의지와 발자국, 그것을 그대들 명예로 여겨라. 지금까지 평등하지 않음이 그대들과 무슨 상관이 있는가. 이제부터다. 냉철히 명예롭게 발을 디뎌라." (니체, 49)

나는 세계가 단일 개별 실체, 「모나드」로 구성됨을 주장한 철학자입니다. 우리는 자기 생각을 너무 강하게, 너무 고집스럽게 가져서는 안 됩니다. 아주 특별한 경우를 제외하고서는 평등에 해롭습니다. 우리는 타인의 생각을 수용해야 하지요. 신념이 너무 강하면 이것이 불가능합니다. 이는 의외로 중요해서, 대부분의 학자나 철학자가 고리타분해 보이는 이유입니다. 좀 더 심하게 이야기하면, 우리 생각은 고집스러운 신념으로 썩어들어 가 악취가 나는 경우도 적지 않습니다. 보통의 경우, 사고 활동의 근원은 두 가지 원리가 작용합니다. 첫째는 '모순의 원리'로 모순이 있는 것은 거짓이라고 판단하고 그것에 반대인 것을 참이라고 판단하는 것입니다. 둘째는 '충분한 이유의 원리'로 그것이 왜 그것이며 그것 이외의 것이 아닌가라는 완전한 이유가 없으면 어떤 사실도 참이라고 판단하지 않는 것이지요. 그런데 신념과 고집이 너무 세면, 사고 활동 원리가 작동하지 않게 되고 모순을 인정하지 않아, 원하는 결과를 마음대로 조작합니다. 당연히 평등도 예외는 아니지요. 누구나 고집이 세면 예외적 불평등에 대한 이유를 마음대로 조작할 것입니다. 자신의 불평등적 행위에 대한 모순과 불충분한 근거의 정직한 인정, 이것이 실제적 평등의 시작입니다. (라이프니츠, 50)

나는 명나라 이름 없는 문인이었습니다. 사람은 참으로 염치없는 족속입니다. 조금이라도 남과 나누어야 해를 입지 않고 몸을 안전하게 지킬 수 있음에도, 뛰어난 명성과 아름다운 절조(節操)를 혼자 차지하려 합니다. 조금이라도 내 탓으로 돌려야 선덕(善德)을 기를 수 있음에도 치욕적 행실과 더러운 이름을 남의 탓으로만 돌리려 하지요. 우리 행동과 의지는 결코 평등을 지향하는 법이 없습니다. 오히려 그 반대이지요. 인간의 욕심은 개별적 의지라는 그럴듯한 탈을 쓰고 삶을 어지럽힙니다. 평등에 있어 개별적 의지는 조심이 다루어야 할 [신의 선물]이자 또한 [악마의 선물]입니다. (홍자성, 51)

명성은 내가 독차지하지 않는다면 어차피 누군가 그것을

차지할 것이요, 욕됨을 나누려 한다면 모든 것을 뒤집어쓸 것입니다. 사람은 염치없는 족속이기도 하지만 멍청하기도 한 족속이지요. 그들은 그렇게 세세한 것까지 따질 능력이 없으니까요. 그런 족속을 위해 무엇인가 하려는 생각을 가지는 천상의 선생들도 참으로 딱하시군요.

당신은 탐욕의 악마, 마몬이군요. 사람들이 가끔은 염치없고 멍청한 족속이기는 하지만 또한 때때로 정의롭고 냉철하기도 하지요. 악마가 크게 염려할 일은 아닙니다. 나는 겸애로 따뜻한 세상을 만들려 했던 전국시대 가난한 선비입니다. 타인을 자신과 동일하게 존중함은 강자의 필수 덕목입니다. 조금의 힘이라도 있다면 억압, 착취당하는 민중편에 서서 착취 권력을 차단, 혁신하는 데 직접 참여해야 합니다. 하층민의 고통을 대변하고 그들의 권리와 생활을 보장하는 것은 우리 모두의 책임입니다. 왜냐하면, 어진 사람이 하는 일이란 반드시 천하의 이익을 일으키고 천하의 해를 제거하는 일이어야 하기 때문입니다. 그런데 지금 천하는 큰 나라가 작은 나라를 공격하고, 큰 집안이 작은 집안을 어지럽히고, 강한 자가 약한 자를 겁탈하고, 많은 사람이 적은 사람에게 난폭한 짓을 하고, 간사한 자가 어리석은 자를 속이고, 귀한 사람이 천한 사람에게 오만하게 굽니다. 이를 바로 잡기 위해 군자는 하나하나 차근차

근하게 그리고 필요할 때는 목숨을 걸고 냉철히 행동해야 합니다. (묵자, 52)

완전한 평등을 위해 지금 당장은 자신의 불완전한 평등을 유보하거나 포기할 수 있다고 생각하는 것은 탐욕스러운 기득권자가 흔히 쓰는 술수에 걸려드는 것입니다. 멈추거나 포기 없이 하루하루 평등을 향해 가야 맑은 산기슭에 도착할 수 있습니다. 음습한 습지에서 먼 곳 연녹색 산 그림자만을 바라보는 자는 결국 그곳을 벗어나지 못한 채, 자신과 모두를 괴롭힐 것입니다. '완전한 평등'이란 신기루는 없습니다. 제대로 된 나침반만 있으면 내일도 늦습니다. 지금 내 주위를 우선 평등하게 만드는 것이 첫걸음입니다. **세상의 이치가 눈에 들어온 이후부터는 폭압하는 지배자도 두려워하는 노예도 되어서는 안 됩니다.** (아우렐리우스, 53)

나는 보잘것없는 러시아 소설가입니다. 나는 한 소설에서 이렇게 기술했지요. "천사, 미하일은 이렇게 말했다. 모든 인간이 그럭저럭 살아가고 있는 것은 그들이 자기 자신을 걱정하기 때문이 아니라, 사람들의 마음에 따뜻함이 있기 때문이오. 내가 추위와 굶주림에서 벗어나 살 수 있었던 것, 엄마를 잃은 두 아이가 엄마 없이 살 수 있었던 것 모두

주위 사람들의 따뜻함을 통해서였소. **마음 따뜻함은 궁극의 평등을 위한 가장 구체적인 방법이오.**"(톨스토이, 54)

타인을 위해 산다? 잠깐, 그것은 오해입니다. 인류애의 숭배라는 기독교의 이상에 뒤떨어지지 않고, 오히려 그것을 능가하는 것이 볼테르에서 콩트에 이르는 모든 프랑스 자유 사상가들의 은밀한 동기였지요. 어처구니없는 일입니다. 개인의 가치가 죽어가기 때문이지요. 그들은 유명한 [타인을 위해 산다]라고 하는 도덕적 정신으로 실제로 기독교를 초(超)기독교화 했습니다. 독일이란 지반에서 쇼펜하우어가, 영국이란 지반에서는 존 스튜어트 밀이 행위의 원리로서 동정적 호의, 동정적 이타(利他)에 최대의 명성을 주었습니다. 사회는 참으로 [개인을 일반적인 요구에 적응시키려고 하고 있다]는 것, [개인의 희생은 전체의 유익한 도구로 느끼는 점이 있다]는 것을 듣는 것은 현재 누구나를 기쁘게 하는 것처럼 보입니다. **그러나 그 위대한 [전체]가 무엇인지에 대하여 여전히 매우 동요하고 있습니다.** 사람들은 개인적인 존재 일체의 악, 적의, 낭비, 비용, 사치를 고발하는 데 지치지도 않지요. 칸트는 이런 조류 및 경향에 의한 도덕을 반대합니다. 그는 도덕은 유행을 따르는 것이 아니라 절대적이어야 한다고 주장하지요. 그런데 이것을 쇼펜하우어는 [칸트의 촌스러움]

이라고 비난합니다. 동정심과 타인에 대한 유행적 사랑은 [개인을 부인해야 한다]고 끊임없이 요구합니다. 이는 결국 개인을 파멸시키고 [전체]만 남길 것입니다. 이렇게 동정심에 근거한, 전체에 근거한 평등에 대한 인간의 무지는 세상을 서서히 파멸시킵니다. 잠깐, 동정심 그것은 오해입니다! 동정심으로 사람을 초라하게 만드는, 전체라는 무거운 쇳덩어리 금형으로 푸른빛 개인을 눌러버리는, 무언가 냄새나는 전체를 위한 평등은 필요 없습니다. **평등의 근거는 인간에 대한 존경일 뿐입니다.** (니체, 55)

나는 덴마크 실존주의자입니다. 사람과 사람 사이에서 도와주는 자가 된다는 것은 최상의 일입니다. 그러나 이 도움은 많은 경우 기만일 수 있지요. 보통의 도움은 [생성]과 거리가 멀기 때문입니다. 가령, 소크라테스적으로 생각한다면, 선생이 제자로 하여금 만족하도록 도와주는 대신, 그가 선생에게 어떤 힘을 입고 있다고 믿게 한다면, 선생의 사랑은 모방과 종속을 유도하는 다만 [자기기만]일 뿐입니다. 어찌보면 [생성]은 신에게만 있을 수 있는 것이지요. 신의 사랑은 [낳는] 사랑이지만, 그 사랑은 소크라테스 선생이 축제에서 이야기하는 그런 출산의 사랑은 아닙니다. 신의 사랑은 배우는 자에 대한 선생의 관계를 보여주는 것이 아니라, 미(美)에 대한 고독자의 관계를 표현하는 것입니다. 고독

자는 산재해 있는 미 자체를 보고, 그리고는 많은 아름답고 찬란한 말이나 사상을 낳는 것이지요. 평등을 [모방]의 범주, 그에 따른 [종속]의 범주로 몰아간다면 평등은 악마에게나 주는 것이 좋습니다. 진정한 평등적 사랑은 신적 [생성]이며, 타인을 스스로 즐거워하는 개체로서 태어나게 하는 것입니다. (키에르케고르, 56)

인류 정신이 제언(提言)한 "인간의 따뜻함 톨스토이, 인간에 대한 존경 니체, 평등적 생성 같은 서로 같음을 향한 의지와 행동 키에르케고르"에 대한 통찰은 지상이 아직 평등하지 못한 이유를 드러내는군요. 지혜의 신으로서 나는 지상의 사람들에게 이렇게 전합니다.

"신념을 이루려면 타인을 고려하지 못할 수 있습니다.

그런데 그 신념이 타인을 위한 것이라면 우스운 이야기입니다."

"저녁 잔칫상에 점심을 거를 수는 있어도

언제인지 모르는 잔칫상에 굶을 수는 없습니다."

🔲 평등을 가르칠 수 있는 자는 신만큼 가치 있는 자입니다.

🔲 행동하고 의지하지 않는 평등은 복종하는 것입니다.

✤ 평등은 인간이 할 수 있는 가장 신적인 일이다

나는 지상에서 유대인 소설가였습니다. 자유를 무엇보다 높이 평가하라고 나에게 알려준 것은 [본능]이었습니다. 자유! 물론 우리에게 허용된 것은 가냘프고 연약한 식물 같은 자유이지만 그래도 일종의 소유물이라는 것에는 틀림이 없습니다. 그러므로 자유는 [나누어줄 수 있는 것]이며, 그것이 바로 평등을 위한 유일한 방법입니다. 이솝 선생도 말했지만, **평등이란 자유를 나누어주는 것입니다.** (카프카, 57)

진리를 향한 목표를 정하고 꾸준히 걸으면 녹색 숲에 도달할 것입니다. 이때, 평등을 하나하나 우리 삶 속 사람들에게 적용하지 않으면, 우리는 목적지에 도달하기 전에 모두 쓰러질 것입니다. 다툼이 시작되니까요. **평등은 험난하고 아름다운 계곡 속뿐 아니라, 도회 작은 골목에서도 우리를 기다리고 있지요.** 자연은 이렇게 서로 나눕니다. (칼릴지브란, 58)

따뜻한 봄이
잠에 빠진 작은 숲과 포도원 사이
사랑하는 사람을 찾아 내려왔을 때

눈은 녹아서

도금양나무와 월계수에 물 주는 요정이 되려고

시냇물 타고

골짜기 강물을 찾아 나설 것입니다.

 평등은 공기와 같이 평범한 것입니다. 맑은 공기가 그러하듯 제왕을 대할 때나 거리의 걸인을 대할 때나 추호의 변함이 있어서는 안 되지요. 안민(安民)은 항상 인민들을 무지·무욕한 원상태에 있게 하고 지자(智者)로 자처하는 자들로 하여금 감히 인민의 서로 같음을 깨뜨리는 수작을 부릴 수 없게 해야 합니다. 무위(無爲)를 행하기 때문에 다스려지지 않는 것이 없습니다. (노자, 59)

비가 온 후 사랑스러운 햇빛이 정원을 정숙히 비추고 있다. 바람은 고요히 나뭇잎을 스친다. 어제의 가을비는 대지로 모두 스며들었다. 평등하다.

나는 지상에서 정신분석가였습니다. 우리 삶은 이성적 자아가 아닌 무의식적 억압이 행동을 통제합니다. 불안이 느껴지는 대상이나 사례는 대부분 그 당사자의 예민성과 불안을 야기하는 사실에 대한 지식의 정도에 의존하지요. 우리 삶 상당한 부분에서, **불평등에 대한 우려와 걱정의 정도가 불안의 원인으로** 작용합니다. 그러므로 우리는 알게 모르게 비슷함, 평등 속에 숨으려 하는 것이지요. (프로이드, 60)

평등은 약자에게 숨을 장소와 쉴 곳을 줍니다. 평등의 울타리 속에서 자신의 약점과 약자의 슬픔을 감출 수 있기 때문이지요. 그런데 사실은 강자도 평등 속에 숨습니다. 그들은 거기서 약자가 눈치채지 않게 돕습니다. 약자라지만 자존감은 강자와 전혀 다르지 않습니다. 동정에 의한 도움이나 위안은 원하지 않지요. 평등은 상쾌한 숲과 같습니다. 약자를 억압하는 어리석고 교활한 자도 결국은 평등의 숲에 숨지요. 언제나 강자일 수는 없기 때문입니다. 청춘은 원래 불쾌한 것입니다. 그 시기는 아직 생산적이거나 합리적이지 못하기 때문이지요. 더군다나 자기 능력이 [그렇게 다르지 않음]을 인정하지 않고, **공공연히 너무 큰 목표를 세우고서는 내심으로 자신은 거기에 너무나 무력하다고 인정해 버리는 자는, 그 목표를 철회할만한 힘도 없어 얼마 후에는 피할 길 없이 위선자가 되어 버립니다.** 그러므로 평등을 손상하려는 어떠한 시도, 감히 감당할 수 없는 목표를 세우지 않도록 경계해야 합니다. 그 선을 넘으면 결국 진리의 파도에 익사할 것이기 때문이지요. 이 도탄의 시기, 청춘은 격류 속에 몸을 맡기는 것이 정답입니다. 격정적 정신은 급히 흐르는 물이 암석이나 관목을 휩쓸어 가듯이 비생산적인 것, 비합리적인 것, 무력(無力), 위선, 이 모든 것을 쓸어내려 다시 평등케 합니다. (니체, 61)

 나는 한국의 서정시인입니다. 한(恨)이 있는 자에게 평등은 이룰 수 없는 꿈입니다. 우리는 냉철히 용서합니다. 한(恨)이 있는 한 그들에게 상좌(上座)를 내주는 것이지요. 한(恨)은 사람을 눈물로 미약하게 하고 침착함을 방해합니다. 우리는 부당과 압제를 살며시 비틀어 경멸합니다. 그리고서 눈물을 삼키고 냉철히 분노하여, 그들의 상좌를 깨뜨리는 겁니다. 이는 사람 사이든, 나라 사이든 다르지 않습니다. (김소월, 62)

나 보기가 역겨워 가실 때에는
말없이 고이 보내 드리우리다.

영변에 약산 진달래꽃
아름 따다 가실 길에 뿌리우리다.

가시는 걸음걸음 놓인 그 꽃을
사뿐히 즈려밟고 가시옵소서.

나 보기가 역겨워 가실 때에는
죽어도 아니 눈물 흘리우리다.

자기 마음의 평등을 잃기 가장 위태로운 때는 우리 지식과 철학이 완성되어 가는 때입니다. 자신이 뛰어나 보여 그대로 평범하게 내버려 둘 수가 없기 때문이지요. 그들은 대중과 다른 '자신'을 찾는 데 열중이고 그것에 집중합니다. 타인은 자기 생각을 인정하고 따라와야 하는 어리숙한 관객 정도로 밖에는 생각하지 않지요. 그러나 정말 우스꽝스러운 자는 관객 앞에서 으스대는 자신임을 잊지 말 일입니다. 나는 감정을 유도하거나 감정을 억제하거나 하는 것에 대한 인간의 무력을 [복종]이라고 부릅니다. 자기 마음속 평등에 대한 무력의 경우도 예외 없이 우리는 이렇게 감정에 대한 무력한 복종 상태에 빠져 있는 것입니다. (스피노자, 63)

스피노자 선생, 인간은 칭찬할만한 것은 거의 없지만, 그래도 오만은 괜찮은 편입니다. 오만과 교만은 초라한 인간을 그나마 치장하고 사람들이 그가 무언가 큰 힘이 있는 것처럼 믿게 해서, 인간들을 순종시키고 단결시키기 때문이지요. 인간들은 으스대는 것을 싫어하거나 아니면 열광하지만, 으스대지 않으면 모두 무시하니까요. 오만하고 교만한 인간들이 있어서 그나마 지상이 재미있지 않습니까? 겸손한 인간들은 예외 없이 고리타분하지요.

ⓒ 오만의 악마, 루시퍼

평등을 향한 열정은 지혜의 증대와 함께 증가합니다. 우리 지혜가 지향하는 것은 진리이고, 평등은 그 마지막 관문이기 때문입니다. 그러므로 진리를 찾아 수련하는 자는 사물 일체 무차별에의 길을 포기할 수 없습니다. 일체중생은 알로 나는 것, 태(胎)로 나는 것, 습(濕)으로 나는 것, 발 없는 것, 두 발 가진 것, 네 발 가진 것, 여러 발 가진 것, 생각 있는 것, 생각 없는 것, 생각 있는 것도 아니고 없는 것도 아닌 것들이 있습니다. 수행자는 이 일체중생 모두를 평등히 이익 되게 하는 것을 목적해야 합니다. 사람은 그중 일부일 뿐이지요. 세상 사물 모두를 좋음·나쁨의 서로 다름없이 대함으로써, 우리는 진리 세계에 한 발 다다릅니다. (석가, 64)

인류 정신은 "나눔 칼릴지브란, 무위(無爲) 노자, 용서 김소월, 무차별 석가"로 신(神)에 다가서는군요. 지혜의 신으로서 나는 지상의 사람들에게 이렇게 전합니다.

"자유는 험난합니다. 마음대로 되지 않지요. 남의 일이기 때문입니다.

평등은 마음먹으면 가능합니다. 내 일이기 때문입니다."

"강자에의 욕망, 권력에의 의지는 평등과 항상 투쟁합니다.

일 년, 삼백육십오 아침, 매일 깨닫지 않으면 그를 결코 이길 수 없습니다."

🞐 평등은 인간이 할 수 있는 가장 신적인 일입니다.

⚜ 신이 평등이 아니라 평등에의 의지만 준 것은 의도된 것이다

천하의 군자들이 이익을 일으키고 해를 제거하면 그들의 힘으로 세상은 반드시 선하게 지배되는 법입니다. 운명론은 폭군이 만들어내고 궁한 사람들이 계승한 것이지, 어진 사람들의 생각은 아닙니다. 선한 평등에 매일 힘쓰지 않고 운명을 믿어 방치하면 세상은 곧 어지러워지지요. 군자는 선함을 거스르는 자들을 단 하루도 용서해서는 안 됩니다.
(묵자, 65)

나는 지상에서 하나님의 아들로 태어난 나사렛 사람입니다. 우리 모두 약한 자를 약하다고 탈취하지 말며, 곤고한 자를 성문에서 압제하지 말아야 합니다. **공평을 행하는 것이 예배드리는 것보다 여호와께서 기뻐하실 것입니다.** 남보다 너무 부자 되기를 애쓰지 말고, 남보다 너무 고기를 탐하지 말며, 남보다 술을 즐겨 먹는 자와 사귀지 마십시오. 부자와 탐욕스러운 자와 쾌락을 좇는 자는 야수와 같이 공평을 잊어버리고 사람에게 재앙과 근심, 분쟁과 원망이 찾아오게 하기 때문입니다. (예수, 66)

한 어부가 공자에게 이렇게 말했습니다. [사람 중에 제 그림자를 두려워하고 제 발자국을 싫어해서 그것들을 버리려고 달아난 자가 있었소. 그러나 발을 자주 들면 들수록 발자국은 더욱 많아지고 뛰기를 빨리 해도 그림자는 떠나지 않았고, 그는 마침내 힘이 빠져 죽었소. 그늘에 들어가 있으면 그림자는 없어지고, 조용히 쉬고 있으면 발자국도 사라짐을 알지 못했던 것이오.] 소인은 인의(仁義), 이해(利害), 동이(同異), 동정(動靜), 수수(授受), 호오(好惡), 희로(喜怒) 따지기에 분주하나 실상은 아무것도 이루지 못할 것입니다. 억지로 통곡하는 자는 남들이 슬프게 느끼지 못하며, 억지로 성을 내는 자에 사람들은 위압 당하지 않으며, 억지로 친하려는 자는 정말로 사람들과 친해지지 않습니다. 반대로 진정으로 슬퍼하면 소리를 내지 않아도 슬프고, 정말로 노하면 말하지 않아도 남들이 위압을 느끼며, 진정으로 친하려 하면 웃지 않아도 친해지지요. 인위(人爲)는 무위(無爲)의 진리를 망가뜨릴 뿐입니다. (장자, 67)

무위(無爲)에는 고뇌가 없어, 진리도 없으리니, 이는 장자 선생의 의도이지요. 우리는 어디에 집을 세워야 할까요? 부친이 가지고 있는 힘찬 온화함, 이 기분이 그대를 감동 시키는 곳, 그곳에 그대의 집을 건설하십시오. 혼잡 속이든 정적 속이든 간에. 내가 아버지인 곳, 거기에

나의 나라가 있습니다. 그 나라를 위해 우리는 끝까지 전진하고 투쟁할 것입니다. (니체, 68)

신은 모두에게 평등한 자격을 주지는 않았으나, 평등한 자격을 가지기 위해 투쟁할 힘은 선물로 주었습니다. 신의 선물을 어두운 구석 썩은 상자 속에 묵혀둘 필요 없지요. 인간의 역사는 평등을 실현하기 위한 투쟁의 역사입니다. 조금의 두려움도 가질 필요 없습니다. 평등한 대우를 받을 수 없는 약자들은 힘을 합쳐 그것을 쟁취해야 합니다. 냉철한 방법으로. 냉철하지 않으면 오히려 억압의 빌미를 제공할 뿐입니다. 냉철함이란 내가 구체적으로 무엇을 어떻게 행동할 것인가를, 현존하는 규정으로, 침착하게 치밀한 계획을 가지고, 가능한 최대 다수와 연대하여, 실천적인 대책을 하나하나 실행하는 것입니다. (예링, 69)

평등은 어쩌다 한 번 선심 쓰듯 하는 것이 아닙니다. 군자는 지속하기 어려운 것을 부단 없이 실행하는 자를 말하지요. 가장 위대한 승리 공식은 쓰러지지 않는 것이 아니라, 쓰러질 때마다 다시 일어나는 것입니다. 추운 겨울이 된 뒤에야 소나무의 푸르름이 드러나지요. 지혜로운 자는 혹하지 아니하고, 어진 자는 근심하지 아니하며, 용감한 자는 두려워하지 아니합니다. 너그러우면 무리를 얻을 것이요, 믿음이 있으면 신임을 얻을 것이요, 민첩하면 공적이 있을 것이요, 공평하면 모두가 기뻐할 것입니다. (공자, 70)

평등으로부터의 일탈(逸脫)은 가능한 피해야 합니다. 자기 지식에 대한 오만과 허영은 마약과 같아서 오랫동안 애써왔던 평등의 여정을 일순, 파괴할 수 있습니다. 오만과 허영은 장난으로 시작했다 하더라도 실제로 오만해져 버리는 경우도 많기 때문이지요. 우리는 너무 유식해질 필요 없습니다. 유식한 사람은 어느 부분에서만 뛰어나지요. 우리에게 필요한 유능한 사람은 매사에 유능하며, 심지어 아무것도 모르는데도 유능합니다. 유능하기 위해 필요한 것은 지식이 아니라, 사람들을 하나로 모으는 균형 있는 공평성의 보유이지요. (몽테뉴, 71)

나는 의지(意志)를 사랑한 독일 철학자입니다. 평등과 동정심은 적대 관계입니다. 동정심은 자신의 우위를 전제로 하기 때문이지요. 그러므로 평등을 행하고자 하는 자는 동정심의 발현을 조심해야 합니다. 동정심을 가지는 자는 쉽게 증오심을 가지지요. 자신의 우위가 열위로 바뀌었을 때 그리고 자신이 준 동정을 준 대로 보상받지 못하면 즉시 상대를 증오하기 때문입니다. **평등에 필요한 것은 동정심이 아니라 동질감입니다.** 동질감을 가진 자는 타인에의 증여를 상환이라고 생각하지요. 동질감을 바탕으로 자신의 선행과 증여에 대하여 아무것도 바라지 않음이 진정한 평등의 시작입니다. 여기에는 우리의 의지가 작용하지요. 동정심을 바탕으로 한 증여는 자신의 힘으로 타인을 고통으로부터 해소시켜 자신과 종속적 관계를 발생시키려는 의지이고, 동질감을 바탕으로 한 증여는 타인의 의지를 자극하여 그들을 자신과 동질화시키려는 의지입니다. 스피노자 선생은 [어떤 충격에 의해 돌이 공중을 날 때, 만일 돌에 의지가 있다면 자기 자신의 의지로 나는 것으로 생각하려 할 것]이라고 했지요. 이렇게 세상은 의지로 구성되며, 평등의 가치도 의지의 방향과 의도에 따라 그 운명을 달리합니다. 진정한 평등은 동질화를 위한 은밀한 의지의 영역이지요. (쇼펜하우어, 72)

나는 선(善)의 철학자입니다. 우리는 동정심을 과소평가해서는 안 됩니다. 사람이 사람에게 차마 어찌 못하는 마음이 있다고 하는 것은 지금 어린아이가 우물에 빠지려는 것을 본다면 다 놀라며 측은히 여기는 마음이 있다는 것이지요. 그것은 교제를 위함도 아니요, 명예를 위함도 아니며, 비난하는 소리가 두려워 그러한 것도 아닙니다. 측은지심 (惻隱之心), 동정심은 사람이 사람인 이유이지요. 평등은 측은지심을 그 근원으로 합니다. 군자는 이미 그렇게 덕(德)으로써 배부르지요. **인의선(仁義 善)의 진정한 귀함이란 자신의 귀함으로 타인을 귀하게 하는 것입니다.** <u>스스로 귀한 자는 저절로 타인과 평등해집니다.</u> (맹자, 73)

자연은 만인의 만인에 대한 투쟁 상태입니다. 인간은 자연본성으로 자만과 교만을 가지지요. **거대한 괴물, '리바이어던'이 지키지 않으면 인간은 서로 물어뜯을 것입니다.** 평등도 마찬가지로 괴물이 필요합니다. 평등을 지키기 위한 투쟁이 멈추는 순간, 세상은 집단적 신분 계층화로 어느새 비참해질 것이기 때문이지요. 약자들이 투쟁을 멈추어서는 안 되는 이유입니다. (홉스, 74)

인간이 만든 것 대부분은 불평등을 기원으로 하고 있고 평등을 경멸하고 있습니다. 평등을 모멸하면 그 치욕적 평등에 의해 도리어 자유의 땅에서 추방당할 것이며, 평등을 경멸하면 그 발굽에 뼈가 부서지는 아픔을 맛볼 것입니다. 평등은 어느 진리보다도 냉혹합니다. 우월한 자 앞에서의 비굴, 미약한 자 앞에서의 거만, 자신이 오랫동안 강자의 위치를 유지할 수 있을 것이라는 착각은 빨리 버리는 것이 좋습니다. 모든 것은 항상 변화하니까요. **천하의 모든 사람이 미를 아름답다고 인식하기 때문에 추악의 관념이 나타나고, 선을 착하다고 인식하기 때문에 불선(不善)이 나타나기 마련이지요.** 유와 무는 상대적으로 나타나고, 어려움과 쉬움도 상대적으로 이루어지고, 길고 짧은 것도 상대적으로 형성되고, 높고 낮음도 상대적으로 대비되고, 앞과 뒤도 상대적으로 있게 마련입니다. 이렇게 인위로 무언가 하려 하면, 그 득과 실을 구분할 수 없는 것입니다. 그러므로 성인은 무위의 태도로 세상사를 처리하고, 말 없는 교화를 실행합니다. 만물로 하여금 <u>스스로 자라게 내버려 두고 인위적인 간섭을 가하지 않는 것이 평등의 근원입니다.</u> (노자, 75)

인류 정신은 "무력한 운명론의 극복 _{묵자}, 투철히 공평을 행함 _{예수}, **온화하지만 힘찬 삶** _{니체}, 평등의 자격을 위한 투쟁 _{예링}, 동정이 아닌 동질감 _{쇼펜하우어}, 자신이 가진 고귀함의 나눔 _{맹자}, 평등에 대한 감시 _{홉스}"에 대하여 그들의 성찰(省察)을 지상의 사람들에게 전하는군요. 지혜의 신, 아테나는 이렇게 전합니다.

"신이 평등이 아닌 평등에의 의지만을 준 것은
무조건적 평등은 오히려 평등을 해치기 때문이고

일시적 불평등은 인간 약진의 힘이 되기 때문이며

인간의 자유가 항상 불평등을 꿈꾸기 때문이고

지상 사람들이 서로 같음의 격정을

스스로 창조할 기회를 주기 위함입니다."

"누구나 평등에 등을 돌릴 준비가 되어 있습니다.

그것도 마치 복수심에 불타는 것처럼 그렇게."

"신의 숨겨진 선물이 비열한 자들과 투쟁의 역사를 반복시킵니다.

오늘 평등하지 않아도 내일은 그럴 수 있습니다."

"평등을 행하는데 두려워 마십시오.

신은 진리 편이고, 평등은 그중 최고이기 때문입니다."

"우리가 알아야 할 것은

사람들보다 뛰어나게 되는 법이 아니라

사람들과 함께 즐거워하는 법입니다."

🔲 신이 평등이 아니라 평등에의 의지만 준 것은 의도된 것입니다.

❋ 인류 정신 평등 십계

1. 광야에서 굶주리고 늑대와 싸울지라도 천민의 마음을 버려라. (니체)

2. 당연히 분노해야 할 일에 대해서는 반드시 분노하라. (아리스토텔레스)

3. 도구적 대상이 되는 것, 무례를 묵인하는 것, 그것은 굴욕이다. (사르트르)

4. 고통과 다툼의 근원은 나와 남이 다르다는 생각에서 온다. (석가)

5. 가난을 피하기 위해 노예가 돼야 하는 사회는 용서하지 말라. (루소)

6. 힘 있는 자들이 선심 쓰는 듯한 평등은 필요 없다. (몽테뉴)

7. 누군가의 지배자도 그리고 누구의 노예도 용납하지 말라. (아우렐리우스)

8. 마음 따뜻함이 평등을 위한 가장 구체적 방법이다. (톨스토이)

9. 신은 평등할 자격을 위해 투쟁할 힘을 선물로 주었다. (예링)

10. 평등은 동정심이 아니라 동질감이다. (쇼펜하우어)

참고한 문헌

서1. 키에르케고르, [공포와 전율] 삼성출판사, 손재준역, 1985, p48, 머리말

서2. 니체, [인간적인 너무나 인간적인] 동서문화사, 강두식역, 1978, p25, 머리말

서3. 사르트르, [문학이란 무엇인가] 민음사, 정명환역, 2005, p9, 서론

서4. 쇼펜하우어 [의지와 표상으로서의 세계] 을유문화사, 곽복록역, 1983, p34, 서문

서5. 헤겔 [철학강요] 을유문화사, 서동익역, 1985, p54, 제3판 서문

서6. 루소 [에밀] 서문, We know nothing of childhood: and with our mistaken notions the further we advance the further we go astray. The wisest writers devoted themselves to what a man is ought to know, without asking what a child is capable of learning. They are always looking for the man in the child, without considering what he is before he becomes a man.

서7. 파스칼 [팡세] 민음사, 이환역, 2005, p14, p39, 서론

1. 니체, 인류 격동의 19세기를 치열하게 살면서 초인을 주장했던 자유정신의 철학자
   [짜라투스트라는 이렇게 말했다] 청하, 최승자역, 1994, p299, 제4부 마술사편

2. 플라톤, 형상 속 진리체(眞理體), 이데아를 주장한 고대 그리스 철학자
   [국가] 주니어김영사, 손영운저, p220, 제12장

3. 아리스토텔레스, 자연철학, 윤리학을 탐구하고 실체적 본질을 주장한 그리스 철학자
   [향연 · 파이돈 · 니코마코스윤리학] 을유문화사, 최명관역, 1985, 니코마코스윤리학, p259

4. 장자, 중국 송나라 사람이고 노선(老仙)이라 함.
   [노자 · 장자] 삼성출판사, 이석호역, 1983, p279, 장자, 외편, 11.재유편

5. 사르트르, 프랑스 실존주의 철학자
   [존재와 무] 을유문화사, 양원달역, 1983, p647, 제4부

6. 소크라테스, 크리톤에게 수탉 한 마리는 갚아 달라고 부탁하고 죽은 그리스 철학자
   플라톤 [향연 · 파이돈 · 니코마코스윤리학] 을유문화사, 최명관역, 1983, 향연, p28

7. 예링, 19세기 독일 법학자 [권리를 위한 투쟁] 주니어김영사, 윤지근저, 2010, p80, 제4장

8. 니체 [권력에의 의지] 청하, 강수남역, 1988, p33, 제1권, 제1장 니힐리즘

9. 아리스토텔레스 [향연 · 파이돈 · 니코마코스윤리학] 을유문화사, 최명관역, 1985, p206

10. 푸코, 시대 권력의 무의식적 억압을 밝히려고 했던 프랑스 철학자
    [감시와 처벌] [담론의 질서], Gutting, Gary, "Michel Foucault", The Stanford Encyclopedia of Philosophy (Winter 2014 Edition), Edward N. Zalta (ed.), 진태원, 푸코의 주체화 개념 - 주체화 (subjectivaion) II, 2012년 10월 통권 018호, 사람과 글 人 · 文

11. 니체 [즐거운 지식] 박영사, 박준택역, 1985, p114, 제1서

12. 석가모니, 보리수나무 아래에서 모든 고통과 다툼의 근원은 나와 남이 다르다고 생각하는 것임을 깨달은 자, [금강반야바라밀경] 묘행무주분(妙行無住分), 제4

13. 한비자, 법술세(法術勢)에 의한 통치를 주장한 전국시대 정치 철학자
    [한비자 · 순자 · 묵자] 삼성출판사, 배종호역, 한비자, p105, p130, p186

14. 루소, 인간 불평등이 소득의 분배 구조에 있다고 생각한 사회계약론자
    [사회계약론] 주니어김영사, 손영운저, p186, 제10장

참고한 문헌

15. 플라톤 [국가] 주니어김영사, 손영운저, p108, p183, 제6장

16. 칼릴지브란, 사랑과 영혼의 자유를 노래한 레바논 시인

[예언자, On Giving] For what are your Possessions but things you keep and guard for fear you may need them tomorrow? Is not dread of thirst when your well is full, thirst that is unquenchable? There are those who give little of the much which they have and they give it for recognition and their hidden desire makes their gifts unwholesome. And there are those who give and know not pain in giving, nor do they seek joy, nor give with mindfulness of virtue; They give as in yonder valley the myrtle breathes its fragrance into space. Though the hands of such as these God speaks, and from behind their eyes He smiles upon the earth. The trees in your orchard say not so, nor the flocks in your pasture. They give that they may live, for to withhold is to perish. And who are you that men should rend their bosom and unveil their pride, that you may see their worth naked and their pride unabashed?

17. 장자 [노자·장자] 삼성출판사, 이석호역, 1983, p308, 장자, 외편, 14.천운편

18. 마키아벨리, 르네상스 시대를 살았던 정치철학자, [군주론] 주니어김영사, 윤원근저, p18

19. 석가모니 (법구) [법구경] 애욕품, 伴少而貨多 商人怵惕懼 嗜欲賊害命 故慧不貪欲

20. 니체 [반그리스도] 청하, 송무역, 1984, p186

21. 몽테뉴, 16세기 프랑스에서 살았던 인간 연구가, 사상가

[수상록] 범우사, 손석린역, 1983, p137, 후회에 대하여

22. 헤세, 치열하게 삶의 아름다움을 탐구했던 독일 낭만주의 시인

[데미안] 삼성출판사, 손영택역, 2004, p68, 2.카인

23. 스피노자, 삶에 대한 의지, '코나투스'를 주장한 17세기 철학자

[에티카] 대양서적, 정명오역, 1981, p41, 제1부, 신에 대하여

24. 장자 [노자·장자] 삼성출판사, 이석호역, 1983, p408, 장자, 잡편, 23.경상초편

25. 파스칼, 17세기 프랑스 철학자, 수학자

[팡세] 박영사, 안응열역, 1975, p112, 제1부, 무절조편 56

26. 로트레아몽, 인간과 신 그리고 사회에 대한 불신과 저주를 퍼부은 프랑스 시인

[말도로르의 노래] 민음사, 이동열역, 1986, p24

27. 아우렐리우스, 삶의 기술, 철학을 사랑한 로마 16대 황제

[명상록] 인디북, 유동범역, 2003, p101, 제5장

28. 노자, 춘추전국시대, 무위(無爲)의 선인

[노자·장자] 삼성출판사, 장기근역, 1983, p43, p45, p51, 도덕경, 상편, 제7,8,11장

29. 니체 [권력에의 의지] 청하, 강수남역, 1988, p228, 제2권, 제2장 도덕의 비판

30. 몽테뉴 [수상록] 범우사, 손석린역, 1983, p29, 자만심에 대하여

31. 도스토예프스키, 진보적 사회와 실존적 개인을 그린 러시아 소설가

[지하로부터의 수기] If he only meant to insult me by that high-official tone, it would not matter, I thought I could pay him back for it one way or another. But what if, in

참고한 문헌

reality, without the least desire to be offensive, that sheepshead had a notion in earnest that he was superior to me and could only look at me in a patronising way? The very supposition made me gasp.

32. 이솝 [이솝 우화집] 민중의 편을 드는 그리스 동화작가
　[이솝 우화집] 민음사, 유종호역, 2005, p109,110,183
33. 니체 [인간적인 너무나 인간적인] 동서문화사, 강두식역, 1978, p702, 제2권 제2장, 337
34. 공자, 군자 교육을 위해 인의예지 사상을 정립한 유학의 창시자
　(주희) [논어·중용] 삼성출판사, 한상갑역, 1982, p75, 논어, 제3권 19
35. 존로크, 17세기 영국 경험론 철학자, [정부론] 주니어김영사, 이근용저, 2010, p94, 제4장
36. 마르크스, 인간의 역사는 관념이 아닌 물질에 의해 움직임을 통찰한 사회과학자
　[자본론] 주니어김영사, 최성희저, 2010, p117, 제5장
37. 푸코 [감시와 처벌] [담론의 질서], Gutting, Gary, "Michel Foucault", The Stanford Encyclopedia of Philosophy (Winter 2014 Edition), Edward N. Zalta (ed.), 진태원, 푸코의 주체화 개념 - 주체화 (subjectivation) II, 2012년 10월 통권 018호, 사람과 글 人·文
38. 니체 [인간적인 너무나 인간적인] 동서문화사, 강두식역, 1978, p693,p706, 제2권 제2장
39. 푸코 [감시와 처벌] [담론의 질서], Gutting, Gary, "Michel Foucault", The Stanford Encyclopedia of Philosophy (Winter 2014 Edition), Edward N. Zalta (ed.), 진태원, 푸코의 주체화 개념 - 주체화 (subjectivation) II, 2012년 10월 통권 018호, 사람과 글 人·文
40. 니체 [권력에의 의지] 청하, 강수남역, 1988, p184, 제2권, 제2장 도덕의 비판, 2.가축떼
41. 아우렐리우스 [명상록] 인디북, 유동범역, 2003, p55, 제4장
42. 들뢰즈, 20세기 프랑스 '차이'의 철학자, [차이와 반복] 전반 참고, 내용 재구성
43. 홉스, 사회계약적 국가를 주장한 영국 철학자, [리바이어던] 주니어김영사, 손기화저, p63, p67
44. 루소 [사회계약론] 주니어김영사, 손영운저, p22, p89, 제1장, 제4장
45. 헤겔, 정반합 변증법으로 만물의 변화 과정을 통찰한 독일 철학자
　[철학강요] 을유문화사, 서동익역, 1985, p218, 제2편, 자연철학, 248
46. 칸트, 경험론과 합리론을 통합한 독일 철학자
　[순수이성비판] 삼성출판사, 전원배역, 1984, p562, 제2편, 제4장, 순수이성의 역사
47. 니체 [서광] 청하, 이필렬·임수길역, 1983, p212, 제4서
48. 헤세 [헤르만헤세 대표시선] 민음사, 전영애역, 2007, p61, p75, 저녁 구름, 도중에
49. 니체 [짜라투스트라는 이렇게 말했다] 청하, 최승자역, 1994, p241,p245, 제3부
50. 라이프니쯔, 세계가 단일 개별 실체, 「모나드」로 구성됨을 주장한 철학자
　[모나돌로지] 대양서적, 김정신역, 1981. p301, 제31, 제32 참고하여 재구성
51. 홍자성, 중국 명나라 이름 없는 문인, [채근담, 不宜獨任] 完名美節 不宜獨任 分些與人
　可以遠害全身, 辱行汚名 不宜全推 引些歸己 可以韜光養德
52. 묵자, 겸애로 따뜻한 세상을 만들려 했던 전국시대 가난한 선비
　[한비자·순자·묵자] 삼성출판사, 김학주역, 1982. p227, 묵자, 3.겸애편下

참고한 문헌

53. 아우렐리우스 [명상록] 인디북, 유동범역, 2003, p70, 제4장

54. 톨스토이, 19세기 러시아 사실주의 소설가, [사람은 무엇으로 사는가] 단편 전체

55. 니체 [서광] 청하, 이필렬, 임수길역, 1983, p105, 제2서, 132

56. 키에르케고르, 덴마크 실존주의 철학자, [철학적 단편] 삼성출판사, 손재준역, 1985, p186

57. 카프카, 책이란 우리 안의 얼어붙은 바다를 부수는 도끼여야 한다고 생각한 유대인 소설가
    [어느 개의 고백] , 양문사, 구기성역, 단기 4292, p147

58. 칼릴지브란 [예언자의 정원] And he answered saying: "When Spring comes to seek His beloved
    among the slumbering groves and vineyards, the snows shall indeed melt and shall run in streams to seek
    the river in the valley, to be the cupbearer to the myrtletrees and laurel."

59. 노자 [노자 • 장자] 삼성출판사, 장기근역, 1983, p34, 도덕경, 상편, 제3장 안민

60. 프로이드, 무의식과 억압에 대하여 성찰한 오스트리아 정신분석가
    [정신분석입문] 삼성출판사, 김성태역, 1984, p342, 제3부, 신경증의 일반이론

61. 니체 [인간적인 너무나 인간적인] 동서문화사, 강두식역, 1978. p319, 제1권 제9장, 540

62. 김소월, 20세기 초 한국의 대표 서정시인, [진달래꽃]

63. 스피노자 [에티카] 대양서적, 정명오역, 1981, p176, 제4부, 서문

64. 석가 [보현행원품, 화엄경] 해인총림, 성철 서문판, 광덕역, p26

65. 묵자 [한비자 • 순자 • 묵자] 삼성출판사, 김학주역, 1982. p299, 묵자, 14.비명편下

66. 예수, 지상에서 하나님의 아들로 태어난 나사렛 사람
    [성경전서] 대한성서공회, 김호용역, 1982. p466,467,468, 잠언 21,22,23

67. 장자 [노자·장자] 삼성출판사, 이석호역, 1983, p490, 장자, 잡편, 31.어부편

68. 니체 [서광] 청하, 이필렬, 임수길역, 1983, p237, 제4서, 473

69. 예링 [권리를 위한 투쟁] 주니어김영사, 윤지근저, 2010, p81, 제4장

70. 공자(주희) [논어 • 중용] 삼성출판사, 한상갑역, 1982, p176, p177, p354, 논어, 제9권,제12권

71. 몽테뉴 [수상록] 범우사, 손석린역, 1983, p112, 후회에 대하여

72. 쇼펜하우어, 의지(意志)를 사랑한 19세기 독일 철학자
    [의지와 표상으로서의 세계] 을유문화사, 곽복록역, 1983, p176, 제2권, 24장

73. 맹자, 전국시대 추나라 유학자, 선(善)의 철학자
    [맹자 • 대학] (주희) 삼성출판사, 한상갑역, 1987, 맹자, p103, 제3권 6

74. 홉스 [리바이어던] 주니어김영사, 손기화저, p13, 제1장

75. 노자 [노자 • 장자] 삼성출판사, 장기근역, 1983, p31, 도덕경, 상편, 제2장.양신(養身)

어느새 정원은 반쯤 햇빛이 가려지고

여기저기 나뭇잎들은 음악에 맞추는 듯 흔들립니다.

나 그들의 이야기를 가만히 듣고 있으니

대지는 거기 있고 비는 흩뿌리고 또 바람은 감싸돕니다.

내 기원하리니

태양이 주는 그림자가 무서워 몸을 피하지 말 것이며

동굴 속 음습한 어둠에서 벗어나기를.

@ 슬픔과 고통을 위로하는 신, 앙게로나

자유를 위한 냉철한 분노

우리는 왜 마음대로, 생각한 대로 살 수 없는 것인가

우리는 왜 마음대로, 생각한 대로 살 수 없는 것인가

- 자유를 위한 냉철한 분노 -

❧ 자유는 그것을 필연으로 만드는 자에게만 허락된다

❧ 자유는 가슴 뜀을 위해 불편함과 노동을 일부러 선택하는 것이다

❧ 자유는 아무것도 해주지 않지만 의지가 가미되면 마법이 시작된다

❧ 자유의 땅에 도착하기 어려운 것은 잘못된 표지판도 한몫한다

❧ 자유의 정도는 그 선택의 숫자에 비례한다

등장인물

사르트르

예링

혜능

니체

스피노자

의상

노자

지혜의 신, 아테나

까뮈

파스칼

플라톤

위로의 신, 앙게로나

묵자

석가

고드윈

홍자성

나태의 악마, 벨페고르

헤겔

키에르케고르

하이데거

존S밀

오만의 악마, 루시퍼

세익스피어

예수

장자

쾌락의 악마, 아스모테우스

존로크

루소

탐욕의 악마, 마몬

아우렐리우스

도스토예프스키

마르크스

디오게네스

괴테

융

쇼펜하우어

가을 햇빛으로 가득한 정원은 조금씩 색이 옅어지고 유독 어느 나무 하나가 갑자기 주홍빛으로 나뭇잎 색을 바꾼다. 자유를 말하려는 듯하다.

인류 정신은 지상의 사람들에게 평등적 가치 문제에 대하여 그들의 오랜 성찰(省察)을 전했습니다. 이제 우리는 왜 마음대로, 생각한 대로 살 수 없는 것인지에 대하여 인류 정신의 이야기를 들어보도록 하지요.

❀ 자유는 그것을 필연으로 만드는 자에게만 허락된다

나는 한국의 화엄(華嚴) 승려입니다. 사람이 완전한 자유 상태에 도달하는 것은 모든 이의 꿈입니다. 하지만, 자유는 보통, 억압의 반대일 뿐입니다. 억압을 벗어나는데 열심인 우리는 자유를 사용하는 법을 잘 알지 못하지요. 자유로운 주변의 모든 것에 눈길을 주지 않고, 우리는 억압에만 눈을 돌립니다. 마치 물을 구하려고 계곡물을 옆에 두고 비를 기다리는 사람처럼. 자유(解脫, 해탈)와 평온(涅槃, 열반)은 한 개체의 마음이 만유(萬有) 전체를 융합, 모두 서로 하나를 만들어갈 때만 완성됩니다. 우리는 모두 하나이지요. 수행자는 모든 사람의 평등과 조화를 지향해야 하는데, 이를 통해 비로소 자유롭기 때문입니다. (의상, 76)

의상 스님, 세상 만물을 하나로 만들어간다는 것은 자기의 모든 것을 남김없이 포기하고 타인을 위한 고행 같은 삶을 살아야 할 텐데, 만일 그래야 자유로울 수 있다면 원래 나태한 족속, 인간들은 꿈도 꾸지 않을 겁니다. 그들은 아마도 나태하면서 동시에 자유로울 수 있는 방법이라면 좋아하겠지요.

자유에는 적극적 자유가 있고 소극적 자유가 있습니다.[@] [소극적 자유]는 사역과 억압으로부터의 도피를 의미하고, [적극적 자유]는 자신이 삶의 자유를 스스로 활동적으로, 주도적으로 만들어가는 것입니다. 그 선택은 물론 자유이지요. 우리가 원하는 [그럴듯한 자유]를 위해서는 [꼭 필요한 것들]이 너무 많습니다. 우리 자유 상태에의 길은 이런 꼭 필요한 것들 없이 자유로울 수 있는 방법을 찾는 것이지요. 자유 별것 아닙니다. 하고 싶은 대로 한다고 해서 그렇게 대단할 것도 없지요. 사실 단지 사역으로부터의 도피가 우리 자유의 대부분이지 않습니까? 자유는 사실 무화(無化)와 동일시 될 수 있지요. 다시 말하면 자유롭다고 말할 수 있

@ 김주호, 실존의 조건 I, 자유정신사, 2016, p208

는 유일한 존재는 자기의 존재를 무화(無化)하는 존재입니다. 즉, 자기의 존재를 가볍고 투명하게 하는 것이지요. 자유는 자기로 하여금 존재 결여, 존재 욕구를 만드는 또 다른 존재일 뿐입니다. 자유도 실존입니다. 우리가 구하는 것은 자유가 아니라 자유로운 존재입니다. 그 자신에 있어서 실존은 본질에 앞서 우리 앞에 다가섭니다. 그러므로 자유는 직접적이며 구체적인 출현이며 자기의 선택과 다른 것이 아닙니다. 이 구조로써 자유를 [선택하는 진리]라고 불러도 좋으며, 이는 자유의 인간적인 뜻이지요. 우리는 개별적으로 선택하여 만들어가는 자신의 실존을 통해, 자유에 비로소 접근합니다. 드디어 우리는 자유로운 존재가 되기 시작하는 겁니다. (사르트르, 77)

우리는 자유를 위하여 옳은 것은 옳다고 하고, 그른 것은 그르다고 해야 합니다. 법의 목표는 자유와 평화이지만, 그 수단은 그 권리를 위한 구체적이고 실천적 투쟁입니다. 불법에 의해 권리 침해를 당할 때, 용기와 결단으로 자유롭게 행동하도록, 전력을 다해 교육해야 합니다. 국방력을 증강시키는 것보다 개인의 권리를 정당하게 방어하고 주장하는 것이 더 중요하지요. 한 민족과 국가의 근원적 힘은 사람들의 도덕적 힘에서 나오기 때문입니다. 국가와 민족을 지키고 유지하는 것은 다른 누군가 대단한 자가 하는 것이 아니라, 각자가 작은 불법의 침해에 대해서 강력하고 건전한 법 감정에 따라, 자기 권리를 주장하고 [자기 인격]을 수호하는 일에서부터 **출발합니다**. [권리를 위한 투쟁]은 피할 수 없고 피해서도 안 되는 건강한 시민의 의무이지요. 자유는 투쟁을 통해서만 가능합니다. (예링, 78)

예링 선생 말대로 인간들은 자유를 투쟁을 통해서 쟁취해 왔습니다. 인간들은 투쟁하고 또 투쟁합니다. 자유를 위해. 그런데 누군가가 얻은 만큼, 누군가가 빼앗깁니다. 모두들 이기적이기 때문이지요. 사실은 내가 탐욕의 악마, 마몬 그들을 조금 유혹한 결과입니다. 이렇게 인간들이 가지는 자유의 총합은 그 소유자만 바뀌었을 뿐, 결국 크게 다르지 않습니다. 내가 조금만 유인(誘引)하면 아직 다소 모자란 인간들은 이기심과 자유를 구분하지 못하지요.

진정한 자유는 투쟁하는 것이 아니라 새로운 영역에서 자유를 발견하고, 더욱 좋게는 자신만의 영역을 새롭게 만드는 것입니다. 이는 억압하려는 자를 무력화시키는 최고의 방법이기도 하지요. 권력자나 재력가의 가장 껄끄러운 상대는 자기가 가진 그것에 무관심한 자들입니다. 자신만의 영역에 개별 자유를 만듦에 의해 비로소 평화로운 자유에 다다를 수 있지요. 스스로를 왕이라고 말로만 외쳐도 소용없습니다. 진짜 왕은 타인으로부터 부여받은 자유를 기뻐하는 것이 아니라, 자신의 자유를 그리고 자신의 영역을 발견한 자입니다. 그곳은 새로 발견해서 본래 아무것도 없으니(本來無一物) 줄 것도 빼앗길 것도 없습니다. 이렇게 모든 실제 자유는 자기 존재로부터 발현합니다. (혜능, 79)

우리는 조금만 생각해도, 재력, 권력, 명예 따위가 자유를 줄 것으로 생각되지는 않습니다. 아무리 노력해도 얻는 것과 잃는 것이 거의 비슷하기 때문이지요. 재력, 권력, 명예는 그것 자체가 목적이자 그대로 결과일 뿐입니다. 그뿐입니다. 그것으로 자유까지 얻으려는 것은 욕심이지요. 자유를 얻으려면 사실, 아무것도 없어야 합니다. 무언가 있으면 들고 다니기 무겁기 때문입니다. 자유는 쟁취하는 것이 아니라 타인과 함께 나누는 것이지요. 투쟁하여 내 것으로 하면 그걸 지키느라 보초를 서야 하기 때문이지요. "우리는 왜 무거운가?" 너무 많이 소유하려 하기 때문입니다. 새가 날 수 있는 것은 무겁지 않기 때문이지요. 모든 자유는 일단은 가벼움에서 출발합니다. "어떻게 우리는 가벼워질까?" 우리의 우인(友人)관계, 적대관계, 시선, 악수, 기억, 망각한 것, 책, 필적, 이모든 것이 우리의 본질에 관해서 증언하고 있습니다. 그러나 가장 중요한 심문을 수행하기 위해서는 다음과 같은 수단이 있지요. [그대는 지금까지 참으로 무엇을 사랑했는가. 무엇이 그대의 혼을 매혹했는가. 무엇이 혼을 지배하고 또 동시에 즐겁게 했는가. 젊은 영혼이여! 이 물음으로 인생을 돌아보라.] 이 질문의 대답이 당신의 본질을 나타냅니다. 생각건대, 당신의 참 본질은 당신 안에 깊숙이 감추어져 있는 것이 아니라, 당신 위에 적어도 당신이 보통 자아로 여기고 있는 것 위에, 잘 보이는 곳 높게 자리 잡고 있기 때문입니다. 당신의 참된 교육자·형성자는 [당신 본질의 의미와 근본 소재를 이루는 것]을 당신에게 크게 발설합니다. 그러므로 참된 교육자는 당신의 무거움으로부터의 해방자 이외의 것일 수 없습니다. 그리고 이것이 교육의 비전(秘傳)입니다. 교육이란 해방이며 잡초, 자갈, 해충의 제거이며 빛과 열의 방사(放射)이며 밤비의 정에 겨운 쏟아짐이지요. 어둠침침한 구름 속을 떠다니고 있는 것과 같은 마비 상태로부터 자유로운 자기로 돌아오기 위해서, 나는 자기의 교육자·형성자를 생각해 내는 것보다 더 좋은 수단을 잘 모릅니다. (니체, 80)

지금 아무것도 없다고 생각할 때나 최고의 순간이라고 생각할 때나 자유는 크게 다르지 않습니다. 최고의 순간에도 삶의 대부분은 필연에 따라 진행되기 때문입니다. 헤겔 선생도 내 생각과 비슷하지요. 실체에 있어서 삶 전체의 양태는 필연적 관계를 가지고 규정되어 있으므로, 의지의 자유는 거의 인정되지 않습니다. 따라서 자유라는 것도 그 필연적 관계 인식 아래에서 행동하는 것이지요. **우리가 할 수 있는 것은 냉철한 지성으로 우리가 원하는 대로 삶에서 필연을 이끌어내는 것입니다.** 이와 같은 필연이 지배하는 삶에서, [감정에 따르는 사람]은, 욕구는 별도로 하고, 자기의 의식이 전혀 모르는 것을 수행하고 있는 것입니다. 반면, [냉철한 지성에 인도되는 사람]은 자기 자신 이외의 어떠한 시류에도 따르지 않고, 그가 인생에 있어서 근본적으로 중요한 것이라고 인지하고 있는 것을 실행하며, 또한 그 때문에 중요한 것으로 나타난 것을 철저히 추구하지요. 이러한 관점에서 나는 전자를 [노예], 이에 대하여 후자를 [자유인]으로 명명합니다. (스피노자, 81)

나는 프랑스 실존주의 소설가입니다. 우리는 자유를 찾아다니는 한 자유에 도달할 수 없습니다. 자유는 황금의 열쇠를 찾아다니는 것이 아니라, 지금 주머니 속에 가득 있는 것을 사용하는 것이지요. 상심과 절망 속에 있을 때 꽤 유익한 지식입니다. 자유를 찾기 위해 가는 여정이 오히려 부자유하다면 다시 잘 생각해 볼 일이지요. 자유로운 곳 별도의 신천지는 없습니다. 자유의 목적지는 무한히 확장하기 때문입니다. 지루한 일이지요. 그런데 지나서 생각해 보면, 사실 그곳에 갈 필요도 없었습니다. 그것은 시지푸스의 형벌과 다르지 않지요. 그러므로 우리는 실존을 향합니다. 나는 「이방인」에서 이렇게 기술했지요. [나는 내일로 죽음이 정해진 감옥에서 신부 교부복 멱살을 부여잡고 말했다. 마음속에서 그 무엇이 폭발하고 만 것이다. "당신은 자신만만하군? 그렇게 자신 있나? 그러나 당신의 신념이란 건 머리털만 한 가치도 없다. 당신은 죽은 사람 같이 살고 있으니, 살아 있다는 자각이 있기라고 한 건가? 나는 곧 죽지만 나에게는 확신이 있다. 나 자신에 대한 확신은 최소한 당신보다는 강하다. 나는 지금도 내 인생과 닥쳐올 죽음에 대한 명확한 인식만큼은 있다." 내 생각은 옳았고, 지금도 옳고, 또 옳을 것이다. 이렇게 살았고 저렇게 살지 않았으며, 이런 일을 하고 저런 일은 하지 않았다. 그래서? 내일 새벽, 죽음이 나를 정당화할 것이다.] 다시 말하지만, 그래서 어떻단 말입니까? 아무것도 **중요한 것은 없습니다**. 그저 선택하고 그리고 그저 존재하는 것, 그것뿐이지요. 자유 따위는 없습니다. (까뮈, 82)

천상의 인류 지성은 지상 사람들의 자유를 위해 "만물의 일원적 이치 성찰 의상, 개별 선택으로 만들어 가는 실존적 삶 사르트르, 권리를 위한 투쟁 예링, 자기만의 영역·거친 땅에서의 경작 헤능, 자신의 혼을 매혹하는 그곳으로의 돌진 니체, 냉철한 지성에 의한 원하는 것들의 필연화 스피노자, 자유라는 본질에 앞서는 실존 까뮈"에 대하여 그들의 통찰(洞察)을 전하는군요. 우리는 쉽게 자유로울 수 없습니다. 아니 사실은 너무 마음대로 자유로우면 안 됩니다. 자유를 필연의 여신, 아낭케 Ananke 가 인도하지 않으면, 자유는 어린 철부지가 되지요. 지혜의 신 아테나는 지상의 사람들에게 이렇게 전합니다.

"독재와 억압을 모두 파괴시켜도 행복해지지 않습니다.
각자 자유롭지 않은 이유가 따로 있기 때문입니다."

🖥 자유는 그것을 필연으로 만드는 자에게만 허락됩니다.

지금 정원은 그 이름을 알 수 없는 새들로 자유롭다. 어느 키작은 나무 덤불에 그 수가 얼마인지 알 수 없는 작은 새들이 모여 서로를 확인하고 있다. 정원 가운데 있는 분수의 물은 어느새 멈추어 조용하고 여기저기 맑은 그들의 소리뿐이다.

❖ 자유는 가슴 뜀을 위해 불편함과 노동을 일부러 선택하는 것이다

우리는 이상적 세계를 이데아라 부릅니다. 그러나 나는 그런 퇴폐적 이상향에 반대하며, 지상에서의 [자유 의지적 삶]을 사랑할 것입니다. 이상적 세계는 행복한 세계이지요. 그러나 그 이상(理想)이 제공하는 삶보다 조금 행복하지 않아도, 내가 주인인 그런 세계가 필요합니다. [자기 고독 속 자유]보다는 공동체 국가의 결정에 따르는 것이 더 자유롭다]는 스피노자 선생과는(스피노자, 에티카, 83) 다른 생각이지요. 이성적인 자유를 가진다고 해서 행복한 것은 아닙니다. 용의 이빨로 탐식하는 것처럼 개념들로 포화되고, 개념의 공룡을 만들어내며, 게다가 말이라는 병마에 시달려서, 아직 말로서 날인되지 않은 자신의 감각은 어떤 것이라도 신뢰하지 못하는 형편입니다. **이러한 사람은 [나는 생각한다. 고로 존재한다.** Cogito ergo Sum]라는 권리를 가지고 있겠지만, [나는 살고 있다. 고로 생각한다.]라는 권리는 가지고 있지 않습니다. 이성이 보증하는 것은 [공허한 흑백의 존재]이지 [충실하고 푸르른 삶]이 아니지요. 내가 생각하는 존재자라는 것만을 보증해주지, 내가 살아있는 존재자라는 것은 보증해주지 않습니다. 이상 그리고 이데아로 행복할 것인가, 오늘을 존재로 살 것인가? 그것을 가능케 하는 것은 신(神)도 뛰어난 인간도 아닙니

다. 그들 자신, 청춘의 가슴 뜀뿐이지요. (니체, 84)

"우리 지금 자유롭지 못해 불행한가, 나태하지 못해 불행한가? 행복한 자는 과연 자유로운 자인가?" 그런데, 행복한 자는 자유롭지 않은 자들이니, 타인을 위해 자유를 희생하기 때문입니다. 자기중심적 삶에는 자유란 없습니다. 자기 속 감옥에 갇히기 때문이지요. 자신의 자유 많은 부분을 포기하고 타인에게 자유를 부여해야 합니다. 자유란 타인을 통해 비로소 나에게 찾아오기 때문입니다. 삶에서 진리와 자유를 찾는 자는 상(相. 色聲香味觸法)에 머물러 즐거움으로 보상받으려 하지 않고, 아무 바람(願) 없이 자기 삶을 타인을 위해 지향하는 자입니다. 이렇게 부(不)자유로운 자는 행복할 것입니다. (석가, 85)

자유란 무엇인가 [선택해야 하는] 억압의 연속입니다. 그러나 존재와 거리를 두고 있는 [의식]은 우리 존재를 고정되지 않고 머무르지 않도록 자유롭게 하지요. 그러므로 의식이 정지하면 어느새 자유도 사라지고, 억압만 존재 주변을 서성입니다. 모든 존재는 존재함을 의식함으로써 존재하는 것이지요. [안다는 것은 알고 있다는 것을 안다는 것, 안다는 의식을 가지는 것이다.]알랭(Alain) 의식은 자기 자신의 존재보다 앞섭니다. 의식은 하나의 충실한 존재이며, 자기에 의한 자기 결정을 위한 본질적인 특징입니다. 의식은 무(無)에도 선행하는 것이며 존재로부터 자기를 끌어내는 것이지요. 의식은 무(無)도 존재도 알아내어 인지하는 것이기 때문입니다. [어떠한 행위가 존재한다]는 것은 [존재의 근원적인 선택]을 나타냅니다. 인간 존재에 있어서 [실존함]과 [자기를 선택함]과의 사이에는 아무런 차이도 없지요. 그러므로 선택, 즉 자유를 통한 행복에 도달하기 위해서 우리는 자기를 선택할 수 있는 주체, 실존을 탐구할 수밖에 없습니다. 실존이 현시되지 않는 한, 아무리 자유로워도 행복을 성취할 수 없지요. 그러므로 **선택을 억압하는 것들과의 처절한 투쟁이 실존의 과정입니다.** (사르트르, 86)

사르트르 선생, 그럼 가령 아버지가 자식이 원하지 않는 일을 강요한다면, 자식은 그 억압에 투쟁해야 실존할 수 있다는 말인가요? 그리고 국가가 개인이 원하지 않는 모병을 강요한다면 개인은 실존을 위해서 모병을 거부해야 한다는 말인가요? 또 자기가 사랑하는 사람이 원하는 것을 하기 위해 억압을 감수하고 그가 원하는 일을 한다면 그것은 자기의 실존을 포기하는 것인가요? 실존을 위해 공동체를 위한 의무와 사랑하는 자를 위한 희생을 쉽게 져버려도 되는 겁니까?

루시퍼 선생, 잘 지목했군요. 그런데 선생이 간과한 것이 있는데, 그것은 [억압의 상대성]입니다. 모병에 응하거나 사랑하는 자가 원하는 일을 하는 것보다 그것을 거부하는 것이 더욱 자신을 억압하는 것이라면 상대적으로 덜 억압하는 것을 선택하는 것이 실존의 과정입니다. 그리고 또 한가지 간과한 것은 [억압의 합리성]입니다. 가령 국가의 모병 이유가 전혀 납득할만하지 않다든지, 사랑하는 자의 요구가 매우 불합리하다면, 공동체를 위한 의무 또는 사랑하는 자를 위한 희생의 도덕적 가치는 현저히 떨어질 것이며, 이때는 그것을 선택하지 않을 충분한 이유가 되는 것입니다.

자유에 대하여 조금씩 알기 시작하면 어느 순간, 자유의 의미는 갑자기 작아집니다. 자유란 [외부적인 구속이나 얽매임에 원인 하는 것에 저항하는 것이 가능한 상태]일 뿐이지요. [자기 마음대로]는 할 수 없으며 그렇게 해서도 안 됩니다. 진리 속 자유란 모두에게 공평해야 하지요. 공평이 깨지면 개인적, 방임적 자유는 새로운 악의적 억압을 탄생시킵니다. 우리는 이것을 정의라는 이름으로 감시하고 있지만, 우리 마음속 이기심은 공평을 의도적으로 회피합니다. 자유는 얻었을지 모르겠지만, 마음은 불편하지요. 자유로워도 행복하지 않은 **첫 번째 이유**입니다. 인간이란 바보 같은 족속이지요. 그들은 자기가 가지고 있는 자유는 사용하지 않고, 오히려 자기가 가지지 않은 자유만을 끊임없이 요구합니다. 갈 수 있는 무수한 곳은 가지도 않고, 갈 수 없는 바다 건너 먼 나라만 동경하는 모습이지요. 자유와 행복이 양립할 수 없는 **두 번째 이유**입니다. 또, 코르넬리우스Lucius Cornelius는 이렇게 전했습니다. [옛날 한 장군이 일대의 기병과 더불어 어느 성에 유폐 당하여 매일같이 사람들 사이에 있는 말을 매질하는 일을 강요당했다. 그런데 거기에 늘어선 다른 많은 사람들에게는 상처를 내지 않도록 해야 하는 것이었다.] 우리도 지금 마치 이처럼 강요당하고 있습니다. 주위 사람들을 다치지 않게 하려고 매우 지쳐 있지요. **자유, 그것이 성립하려면 다른 사람들에게 상처가 가지 않도록 주의 깊게 채찍을 휘둘러야 합니다.** 이것이 자유가 행복을 주기 어려운 **세 번째 이유**입니다. (키에르케고르, 87)

세상의 모든 법은 싸워서 얻어진 것입니다. 저울이 없는 칼은 폭력이고 칼이 없는 저울은 무기력하지요. 자유로운 행동, 행위의 보장은 법감정의 촛불을 태우는 신선한 산소와 같은 것입니다. 각 개인은 하늘로부터 위임받은 법의 집행자요 수호자이지요. 자신의 진리를 세워 목표로 삼고, 그 원칙이 공격을 받으면 모든 것을 희생할 각오로 담대하게 대항하는 것이야말로, 법 이상을 구현하여 자유와 행복을 실현하는 지고(至高)의 방법입니다. 주체자의 권리 주장은 자신의 생존을 지키기 위한 행동 강령이기도 하지만, 자신의 공동체를 위해서도 피해서는 안 되는 절대 의무이지요. **자기 혼자 손해 보고 말겠다는 [점잖은 무관심]이 공동체를 무너뜨립니다.** (예링, 88)

나는 잠언에서 이렇게 말했습니다. [**채찍과 꾸지람이 지혜를 주거늘, 마음대로 내버려 두면 그 자식은 그 어미를 욕되게 하리라.** 악인이 많아지면 죄도 많아지니 의인이 욕됨을 당하리라. 악하다면 자식처럼 사랑하는 자도 징계하라. 그리하면 그것이 모든 것을 평안하게 하리라.] 공동체를 위해 자유를 구하는 자가 불행해지거나 희생당해서는 안 됩니다. 처결되어야 할 자들은 마땅히 억압자들이지요. 자유 쟁취를 위한 압제자에의 저항은 누구도 막지 못할 대의를 가지고 냉철히 준비하여, 억압의 싹이 트지 못하도록 그들을 철저히 파괴해야 합니다. 우리 마음속, 두려움이 싹 트지 않도록. (예수, 89)

자연 상태란 이성이 지배하는 자유롭고 평등한 상태입니다. 이는 신이 인간에게 준 선물이지요. 따라서 다른 사람이 나를 통제하고 지배할 권리는 전혀 없고, 내가 다른 사람에게 순종하는 것도 신의 명령에 위배됩니다. [타인을 복종시키는 것도, 타인에게 순종하는 것도, 모두 신을 거역하는 것이다.] 이는 천부인권입니다. 이것이 깨지면 인간은 결코 행복할 수 없지요. 자유로운 자가 행복한 것은 아니지만, 자유롭지 않다면 행복할 수 없습니다. 인간의 마음은 하얀 캔버스와 같지요. 무엇을 그릴지는 자유이지만, 그림에 따라 행복할 수도, 불행할 수도, 기쁠 수도, 슬플 수도 있습니다. 물론, 걸작은 화려한 색채와 기교를 부린 그림이 아니라, 누구도 시도하지 않은 아름다움을 자유롭게 그린 그림이겠지요.

(존로크, 90)

자유에 편안한 행복을 연결시키는 것은 스무 살 시절 잠깐으로 충분합니다. 자유는 모험과 투쟁 상태입니다. 편안하면 대부분 자유롭지 않지요. 불편한 모험과 계속된 투쟁만이 우리를 자유롭게 할 것입니다. 자유는 정신적 상태입니다. 육체적 자유는 나태일 뿐이지요. "지금 힘들고 불편한가? 고된 노동을 해야 하는가?" 나는 항상 이렇게 말합니다. [그 일이 자유로운가를 생각하지 말고, 그 일이 나에게 자유를 주는가를 숙고하라.] 만일 그렇다면, 그것이 아무리 힘들고 고난의 가시밭길이라도 기꺼이 뚫고 나아가야 합니다. "가진 것 그리고 능력이 없는가?"

오해입니다. 당신은 재력과 암기력에서는 두드러지지 못할 수 있고 재치도 부족할 수 있습니다. 상관없습니다. [그런 것에는 소질이 없습니다]라고 말할 수 있으면 됩니다. 그 말을 할 수 있는 당신은 수많은 다른 특질이 있기 때문이지요. 그것들은 당신 안에 이미 존재합니다. [성실, 융화, 근면, 냉정] 연마에 소홀하지 않다면, 당신은 많은 것을 가질 수 있습니다. 단, [검소할 것이며, 절제하고 솔직하십시오.] 그런 장점을 발휘할 능력이 없다느니, 소질이 없다느니 하는 말은 자신의 저급한 상태를 유지하려는 변명일 뿐입니다. 다투고, 탐하고, 인색하고, 아첨하고, 불평하고, 비굴하고, 교만하고, 걷잡을 수 없이 방황하며 불안해 하는 것을 타고난 능력 부족으로 변명하고 싶은가요? 절대 그렇지 않습니다. 나는 이렇게 말합니다. **"자신 속에 감춰져 있는 행복의 씨를 뿌리고, 쓰러져 죽을 때까지 열심히 경작하라."** (아우렐리우스, 91)

 천상의 인류 정신은 가슴 뛰는 자유를 위해 "살아 있음의 자각 니체, 보상 없는 자기희생 석가, 억압을 뚫고 자신을 선택하는 실존 사르트르, 부조리에 대한 불복종 예링, 자유를 위한 노동과 일 아우렐리우스"에 대하여 그들의 오랜 인식(認識)을 지상의 사람들에게 전하는군요. 지혜의 신으로서, 나는 이렇게 전합니다.

"자유의 목적도 물론 행복입니다.

내 주위 열 사람만 자유로우면 나는 그들과 함께 행복할 것입니다."

"진리는 자유로 인도하지만, 자유는 진리로 인도하지 않습니다.

둘을 똑같이 생각하면 곤란합니다."

"자유만으로는 행복하지 않습니다.

타인을 기쁘게 하는 유의미한 의지가 작용함으로써

드디어 행복이 모습을 드러냅니다."

"편안한 행복을 원한다면 자유를 포기하고

작은 방에서 조용히 그것을 만끽하면 될 것입니다."

☑ 자유는 가슴 뜀을 위해 불편함과 노동을 일부러 선택하는 것입니다.

바람이 자고 있다. 너무나 깊이 잠들어 정원 나뭇잎은 미동도 없다. 언제 바람이 깨어날까 기다리는 즐거움으로 어느 시월 가을날을 기억에 담는다. 정원 모두 가을로 물들어 아름답고, 자유를 향한 그들의 매혹적인 이야기들은 시월의 아름다움을 넘나든다.

✤ 자유는아무것도 해주지않지만 의지가 가미되면 마법이 시작된다

역사가 발전하는 원동력은 관념이 아니라 물질입니다. 노동에 의해 자연에 작용하는 물질, 인간 상호 관계를 규제하는 생산 위계 이런 물질적인 것들로 인간은 발전하지요. 나는 헤겔 선생이 말한 [절대 정신이 세상의 변화를 이끈다]는 것을 단호하게 거부합니다. **우리에게 자유를 주는 것은 정신이 아니라 물질과 재화이지요.** 자유는 우리에게 물질과 재화를 획득할 가능성을 제공할 뿐입니다. 자유와 평등을 목표로 하는 철학은 이론연구 영역을 벗어나 실질적으로 인간 삶에 재화를 제공해 주는 실천영역으로 이동해야 합니다. 차별 없는 재화의 재분배만이 철학자들이 원하는 차별 없는 평등 세상을 구축하지요. 나는 '자본론'에서 이렇게 말했습니다. "그러므로 잃을 것은 쇠사슬밖에 없는 노동자들이여, 모두 단결하라." (마르크스, 92)

자유로워도 아무것도 달라지는 것은 없습니다. 아침저녁 자유로워도 배고픔은 달라지지 않지요. 자유는 가능성일 뿐입니다. 그것이 우리 삶을 실제로 변화시켜 주지는 않지요. 그 이상 바라지 않으면 자유는 선물이고, 그 이상 바라면 자유는 어느새 억압입니다. 자유가 무엇이든 해줄 것이라는 오해가 우리를 자유롭지 못한 것으로 오인케 하고 절망케 합니다. 압제자의 억압 속에서 자유는 삶의 모든 것이지요. 그러나 물 없는 사막 한가운데 뜨거운 태양 아래, 죽음의 갈증 속에서 자유는 아무것도 아닙니다. 자유의 가치는 무한할 수도, 아무것도 아닐 수도 있지요. 그렇습니다. 자유는 단지 가능성일 뿐입니다. 그러나 그것이 인간을 고귀하게, 위대하게 만들지요. [자유]는 아무것도 주지 않지만, 우리 [의지]가 작용하면 신비로운 마법을 발휘하여, 모든 것을 줄 수도 있습니다. 아그리파 Agrippa 는 자유 의지에 대하여 이렇게 말했지요. "그것은 우리들 속에 깃들어 있나니. 땅속에도, 별이 총총한 하늘에도 없도다. 이 모든 것은 우리 영혼이 만드는 것이니." Nos habitat, non tartara, sed nec sidera coeli: Spiritus, in nobis qui viget, illa facit. **Agrippa** von Nettesheim, De occulta philosophia, 1510. (쇼펜하우어, 93)

나는 스위스 분석심리학자입니다. 집단 무의식은 개체로 **하여금 통일된 전체를 실현케 하는 선천적 자기 원형을 말합니다.** 이는 개체의 자유를 억압하고 삶의 틀을 결정합니다. 현재 우리를 자유롭지 못하게 하는 집단적 무의식이 무엇인가를 철저히 분석하고 대응해야 하지요. 우리는 자유를 의지(意志)할 때만 비로소 자유롭습니다. 그 의지가 억압되는 것은 바로 우리의 자유가 억압되는 것이지요. 현대 자본주의는 교묘히 그리고 지속적으로 대중의 의지를 분열시키는 작업을 지속시킵니다. 가령, 권력자들에 대한 특권적 보호와 비호를 경험한 민중은 무의식적으로 그들에의 복종을 강요받지요. 집단 무의식이 축적되면 그 사회는 무력한 죽은 공동체로 전락합니다. 이렇게 의식의 심층에 있는 특수한, 불가지(不可知)의 영구적 힘이 심적 과정을 지배합니다. 이에 대응하기 위해서는 억압적 사회 심리에 대한 명석·판명한 이성으로 무장해야 합니다. **우리는 자유로부터 무언가 받는 것이 아니라, 집단 속에서 억압된 자기 원형을 회복시켜야 하는 형편입니다.** (융, 94)

나는 19세기 독일의 작가입니다. 과거는 고정되어 있고 미래는 우리 영역이 아닙니다. 현재가 아무리 자유로워도 미래 삶이 자유로울 수는 없지요. 우리 삶 대부분은 과거와 미래입니다. 현재는 너무 짧지요. 우리가 자유롭지 못한 이유입니다. 미래에 자유롭기 위해서는 미래의 자유를 위해 현재의 자유를 제한해야 하지요. 과거에 자유롭기 위해서는 [과거를 창조하기 위해] 현재를 구속해야 합니다. 우리는 존재하지도 않는 과거와 미래의 자유를 위해 현재의 자유를 희생하는 부자유적 존재일 뿐이지요. 이렇게 우리는 과거와 미래의 자유를 위한 존재입니다. 우리는 과거에 대한 후회와 미래에 대한 두려움에서 쉽게 벗어나기 어렵

● 김주호, 실존의 조건 II, 자유정신사, 2016, p215

지요. 과거와 미래의 사슬 속에서는 자유로울 수 없습니다. 이때 이 사슬을 깨뜨리는 것이 바로 그 유명한 '현재적 자유'입니다. 자유는 현재의 속성을 가지지요. 현재는 과거와 미래의 감옥에서 벗어나게 하는 유일한 열쇠입니다. 미래는 상관없습니다. 현재가 미래를 만들어줄 테니 말입니다. 부자유를 선택하는 자유, 이것이 우리의 실질적 자유이지요. 자유는 항상 수고로운 현재를 줍니다. 신(神)은 파우스트를 빼돌리겠다는 악마, 메피스토펠레스에게 이렇게 말했습니다. "마음대로 하라. 인간이란 의지하는 동안에는 방황하는 법이니라. 너희들은 생생하고 풍요한 미를 의지하고 즐기려무나! 영원히 살아서 작용하는 생성의 힘이 우아한 담장으로 에워싸리니.(괴테, 95)

나는 그리스 견유(犬儒) 철학자입니다. 나는 항상 '아무것도 없음이 자유롭게 한다'고 말하지요. 내게 필요한 것은 편히 잘 수 있는 작은 공간과 따뜻한 햇빛이면 그것으로 충분합니다. 무욕(Askesis, 無慾), 무소유(Atarkeia, 無所有), 무치(Anaideia, 無恥)를 통한 [아무것도 없음]은 아무것도 두려워할 것 없는 용기와 자유를 줄 것입니다. (디오게네스, 96)

나는 지하 생활에서 당신들이 내 반 만큼도 시도할 엄두도 내지 못했던 것을 극단까지 수행했습니다. 아마도 당신들에 비하면 내가 훨씬 더 자유롭게 살고 있다고 할 수 있지요. 당신들은 자신의 비겁함을 세련됨이라 생각하면서 스스로 위안으로 삼고 있었던 것이며, 당신들은 무언가 열심히 하지만, 결국 거의 불가능한 좀 더 일반적인 인간이 돼 보려고 열렬히 시도하고 있는 것입니다. 더욱이 사람들이 그것을 점점 더 좋아하게 되고 또 거기에 맞추어 가는 것 같습니다. 우리는 삶에서 희망, 기쁨, 희열, 긍정은 감추어 두고, 절망, 슬픔, 분노, 부정을 끄집어내 자유의 부재를 불평합니다. 자유 속에서 자유를 느끼지 못하는 이유이지요. [지금 자유로운 자만 미래에도 자유로울 수 있습니다.] 이것은 자명한 일입니다. 지하 생활의 절망과 슬픔 속에도 그래도 자유는 존재하지요. 자유에 의지가 더해지면 그것은 우리 삶의 캔버스를 다시 하얗게 만듭니다. 자유를 향한 의지는 사람을 왕으로 만들기도 하고 노예로 만들기도 합니다. 왕은 주려고만 하는 자이고 노예는 얻으려고만 하는 자이니, 타인을 자유롭게 하는 자는 왕이고 타인으로부터 자유를 얻으려는 자는 노예입니다. 자신의 현명함을 너무 자랑할 것 없습니다. 타인을 잘 이용하고 타인으로부터 많은 이익을 얻어서 스스로 현명하다고 생각하는 자는 사실은 마음속 깊이 노예근성으로 가득한 자이니까요. (도스토예프스키, 97)

 우리는 숨쉴 수만 있다면 자유로울 수 있습니다. 그런데 자유는 아무것도 주지 않아서, 자유로운 삶을 위한 준비에 시간을 너무 끌면 결국 죽음을 위한 준비가 될 것입니다. 준비 잘하려다 젊음이 다 갑니다. 잘못하면, 아름다운 언덕에 집을 짓고서는 삶을 마칩니다. 삶은 신중해야 하지만, 그렇다고 설렘의 시기가 다 지나도록 겁쟁이가 되어서도 안 되지요. 몇 번이고 말하지만, 자유는 용기입니다. 용기가 없으면, 자유는 [어느 봄날 허황된 헛소문일 뿐]이지요. 나는 이렇게 말합니다. "우리 자유 정신의 소유자들이여! 우리의 성실함이 허영이나 가식 혹은 우리의 한계, 어리석음이 되지 않도록 주의하자. 모든 미덕은 어리석음이 되기 쉬운 법이다. 또한, 모든 어리석음 역시 미덕이 되기 쉽다. 러시아 속담에도 [성스러울 만큼 어리석다]라고 한다. 성실함으로 인해 마침내 성자가 되거나, 따분한 존재가 되지 않도록 주의하라. 백 번을 산다 해도 따분하게 살기에는 인생은 너무 짧지 않은가." (니체, 98)

니체 선생, 뭐 인생이 그리 따분할 것도 없습니다. 따분하기에는 인생이 너무 짧지요. 죽어라 일하다가 허무하게 죽는 것이 보통의 우리 삶인데, 쉴 수 있을 때 쉬고, 어떤 방법을 써서라도 편안히 살다 죽는 것이 현명한 일이지요. 어차피 곧 죽으니까요. 노자 선생도 몇 번이나 그렇게 말하지 않았습니까?

아니, 니체 선생 말이 맞습니다. 벨페고르 선생 말대로 편안히 사는 것은 재미없지요. 어차피 죽는 데 왜 따분하게 편안히 있다가 죽습니까? 세상은 쾌락을 주는 즐거움으로 가득하고, 그것을 좇는 것이 인간다운 것이지요. 그리고 실제로 대부분의 인간들이 내_{쾌락의 악마, 아스모} _{테우스}유혹을 뿌리치지 못하지요.

두 악마 선생, 인간을 너무 과소평가하는군요. 그리고 어차피 죽을 인생이라는 것으로 지상의 인간을 유혹하여 효과를 보고 있나 봅니다. 나는 '어차피 살 인생이라면' 이라 하면서 사람들을 인도합니다. 자기 열정으로 세상의 악과 부조리를 제거하고, '약자들이 안심하는 얼굴을 숨어서 조용히 바라보는 희열'을 나태의 편안함, 쾌락의 즐거움과 비교하는 것은 악마에 딱 어울리는 일이긴 하지요.

인간은 자유롭게 태어났으나 자랑스러운 우리 사회 속에서 쇠사슬에 묶여 있습니다. 자유는 이 쇠사슬을 끊는 자에게만 제공되지요. 이 사슬은 보통, 삶의 꿈, 목표 오인에 기인합니다. 우리 삶의 목표는 재력·권력·명예와 같이 타인과의 관계와 평가에 의해 결정되어 가는 대타적(對他的) 물질목표-[차갑고 무거운 것]이 아니라, 평등·자유·정의·사랑·

평화·탐구·탐험·나눔 같이 각 개별자가 직접 만들어 가는 대자적(對自的) 정신목표-[따뜻하고 가벼운 것]이어야 합니다. 소박하고 숭고한 삶이 우리 옆에 있습니다. 따뜻하고 가벼운 개별 가치의 특징은 삶의 목표를 [작지만 조금씩, 누구나, 언제나 그리고 지금] 가능하게 한다는 것입니다. 내일, 1년 후, 10년 후에야 이룰 수 있는 꿈은 악마의 목표이지요. (루소, 99)

우리가 자유롭지 못한 것은 젊음이 지나서가 아니라, 젊음이 지나면서 커지는 두려움 때문입니다. 젊음의 자유로움을 위해 오랫동안 준비했던 것처럼, 새로운 곳으로 항해를 시작하려면 언제나 어느 정도 인고의 준비가 필요하지요. 두려움은 준비 부족에 기인하고 자신감은 노력에 비례합니다. 죽음의 순간까지 새로운 여정을 떠나기 위한 준비를 계속하는 것이 자유를 잃지 않는 유일한 방법이지요. 죽음까지도 준비하면 조금은 자유로운 여정이 될 것입니다. 자유는 또 다른 삶을 준비하도록 힘을 주는 오후 만찬이지요. 언젠가 안회(顔回)와 이렇게 이야기를 나누었습니다. [안회가 물었다. "단정하고 겸허하며 근면하고 순일하면 되겠습니까?" "어찌 그것으로 될 것인가. 자네는 겉으로 보기에는 덕이 충만하여 있는 것 같으나, 안색마저도 안정되지 않으니 소심한 범부와 조금도 다름이 없다. 자네는 남의 감정만 헤아려 그 사람의 마음에 들기만

하고자 하니, 이런 것을 일러 '덕을 날마다 조금씩 이루어가는 것은 불가능하다'고 하는 것이다. **비록 벌은 안 받을 것이나, 죽을 때까지 자유롭지 못하리라."**] 걸음을 멈추고 가지 않기는 쉽지만, 걸어가면서 땅을 건드리지 않기란 어렵습니다. 사람의 작위(作爲)에 사로잡히는 자는 허위에 사로잡히기 쉽지요. 벌써 세상은 허위 천지입니다. 땅 위를 걸으면서 땅을 건드리지 않는 듯한 모습과 얼굴을 가장하지요. 자유의 본래 뜻은 진실을 냉철히 도모하여, 허위적 나라와 사람을 전도(顚倒)시키는 과정입니다. 이것이 하늘의 이치이지요. (장자, 100)

실존적 개체만이 진리에 다가갈 수 있습니다. 즉 진리를 개별화할 수 있는 자만이 실존하지요. 이렇게 개별화된 자유는 실존을 제공합니다. 옛말에 "일하기 싫은 사람은 먹지도 말라." 데살로니가 사람들에게 보낸 편지, 사도 바울, 3장 10절 는 말이 있지요. 그러나 이 말은 우리 외부 세계에서는 어울리지 않습니다. 이 세계에서는 불완전법칙에 지배되어 있으며 이는 일 하지 않는 사람도 먹을 것을 얻고, 게으른 사람이 일하는 사람보다 더 많은 빵을 얻는 일이 항상 되풀이되고 있기 때문이지요. 그리고 이 세계에서는 보물을 가지게 된 자는 그것이 어떤 방법으로 수중에 들어왔는지는 관계없이 그것을 소유합니다. 그러나 정신세계에서는 사정이 다롭니다. 여기에는 영원한 신적인 질서가 지배하고 있지요. 그리고 여기에서는 **옳은 자와 옳지 않은 자에게 동등하게 비가 내리지 않습니다.** 또한 선한 자와 악한 자 위에 똑같이 햇빛이 비치는 일도 없지요. 또, 여기에서는 일하는 사람만이 먹을 것을 얻고, 불안을 겪어본 자만이 평화를 찾으며, 저승으로 내려간 자만이 애인을 구출할 수 있으며, 칼을 빼는 자만이 이삭을 얻게 되어있습니다. 유한계의 것과는 질이 다른 무한성이 숨겨져 있는 눈짓, 얼굴 생김, 몸짓, 슬픔에 잠긴 표정, 미소 같은 것이 행여 보이는 자를 나는 아직 실제 만나지는 못했지요. 견고하고 늠름한 자들 이들은 확실히 유한성의 것입니다. 보통 세상을 여행한다고 하면 그 목적은 강과 산, 새로운 별, 여러 빛깔의 새, 이상한 고기, 우스운 인종 등을 보려는 데 있습니다. 그들은 **"넋 빠진 짐승 모양을 하고 눈을 부릅뜨고 구경을 하는 것입니다."** 그리고는 대단한 것처럼 생각하지요. 나는 그러한 **일에 세월을 보내진 않습니다.** 그러나 무한성을 가진 자유의 기사(騎士)가 살고 있는 곳이라면, 나는 즉시 그를 찾아 나설 것입니다. 대개의 인간은 세속적인 기쁨이나 슬픔에 사로잡혀 살아가고 있지요. 이들은 가만히 앉아 구경이나 하며 직접 무용에는 참여하지 않는 자들입니다. 무한성의 기사들은 무용가이며 도약의 능력을 지니고 있지요. 그들은 공중으로 뛰어올랐다가 다시 지상으로 떨어집니다. 그러나 그들은 땅으로 떨어질 때마다, 그 자리에서 일정한 자세를 취할 수는 없지요. 그들은 순간적으로 비틀거립니다. 바로 이 비틀거림이 그들은 역시 [이 세상에서의 이방인]이라는 것을 증명해주는 것이지요. 이것은 그들의 실력 차이에 따라서 현저히 달라지지만, 가장 뛰어난 사람도 역시 비틀거림을 완전히 숨길 수는 없습니다. 그들은 타인이 되려는 욕망은 조금도 없지요. **자기 자신을 잊어버리고 무엇인가 다른 새로운 것이 되려는 것은 속물들에게나 있는 일입니다.** 이렇게 도약과 비틀거림의 자유는 바로 실존을 제공합니다. (키에르케고르, 101)

나는 독일 실존철학자입니다. 행복한 미래는 자유를 통해 얻는 듯하지만, 오히려 행복은 [부자유에 대한 인내]를 통해 약속받습니다. 자유는 미래를 위해 아무것도 해주지 않지요. 그럴 능력도 없습니다. 자유가 우리에게 주는 것은 행복이 아니라 [존재의 깨어있음]뿐입니다. 존재의 깨어있음은 아무것도 주지 않지만, 때로는 모든 것을 주기도 하지요. 이것 이외의 것은 대부분 오해입니다. 존재의 깨어있음이란 개별 자유, 즉 [자유에 대한 개인의 의지와 인식]입니다. 이는 어떤 압제자도 억압할 수 없으며, 누구도 알 수 없는 각자 가지고 있는 가슴 속 붉게 빛나는 구슬이지요. 이렇게 실존은 보편적인 이성이 아니라, 우리 각자의 삶에 눈을 돌립니다. 실존은 어떻게 살아야 할지, 무엇을 해야 하는지, 각자가 결정하면서 주체적으로 살도록 인도하지요. 실존은 의식으로 나타나는 현상을 있는 그대로 사실적으로 분석하고 기술함 [현상학, 생각하지 않고 관찰한다. 후설(Husserl)] 으로써 그 모습을 드러냅니다. 염려와 불안 속에 퇴락하는 존재가 되지 않으려면, 상식과 잡담에 의해 지배받는 존재가 되지 않으려면 즉 [그들]이 아니라 자기 [자신]으로 실존하려면, 우리는 냉철히 삶을 하나하나 분석하고 실존을 억압하는 장애물에 철퇴를 내리기 위한 세세한 준비에 돌입해야 합니다. [그들]은 모두가 타인이며 어느 누구도 그 자신이 아니지요. 사람들은 [그들]과 똑같이 행동하면서 [그들] 속에 숨고, 책임질 일이 생겼을 때는 아무도 모습을 드러내지 않습니다. 일상적인 '현존재의 주체는 누구인가'라는 물음에 [그들]은 아무것도 아닌 허상인 것입니다. (하이데거, 102)

인류 정신은 자유를 위해 "재화의 재분배마르크스, 집단 무의식으로부터의 탈출융, 부자유의 선택괴테, 아무것도 없음의 가치디오게네스, 삶의 빈 캔버스를 채우려는 의지도스토예프스키, 따분함을 허락하지 않는 역동성니체, 대자(對自)적 목표에의 의지루소, 무위(無爲)에의 의지장자, 개별적 실존에의 의지하이데거"에 대한 성찰(省察)을 지상에 전하는군요. 지혜의 신 아테나는 사람들에게 이렇게 전합니다.

"자유는 아무것도 해주지 않고 자유로부터 아무것도 얻을 수 없습니다.

그래서 자유와 먹을 것을 바꾸는 것입니다. 자유를 목적으로 삼지 마십시오."

"사랑이 삶을 도와주지는 않습니다. 자유도 동일합니다.

아무것도 주지 않지만, 우리 실존을 결정합니다."

🖳 자유는 아무것도 해주지 않지만 의지가 가미되면 마법이 시작됩니다.

⚜ 자유의 땅에 도착하기 어려운 것은 잘못된 표지판도 한몫한다

나는 영국 정치철학자입니다. 우리는 인간에 의한, 인간에 대한 지배가 없는 사회를 목적합니다. 정부는 권력의 과정에서 부패적 폭압을 행사할 수밖에 없으니, 진리가 오류를 대체하듯 정부는 개인의 도덕성으로 치환되어야 합니다. 정부란 일반화한 사고와 선입관을 강요하는 곳이며, 본질상, 자유·진보를 저해하는 특성을 보이지요. 대중의 자유로운 삶을 위해서는, 인습적인 정부를 거부하고 소수의 사람을 단위로 한, 공동 생산, 공동 분배의 [소규모 자립 공동체]가 그 중심이 되어야 합니다. 인습적 사회구조를 와해시키는 것이, 다수가 자유에 도달하는 일차 관문이지요. (고드윈, 103)

자유에 대한 교육은 핵심을 피해 있고 또 매우 제한적입니다. 그것을 원하지 않는 자들도 적지 않지요. 그들은 타의에 의해 자신의 것을 잃고 싶지 않기 때문입니다. 나누는 것에 인색한 자본주의적 탐욕과 어리석음이 세상을 어지럽히지요. 다수자가 타인들에게 자유를 서로 공여해 줌으로써 비로소 의미 있는 자유 상태에 도달할 수 있습니다. 왜냐하면, 자유 상태는 소수의 몇 사람 선도자만으로는 불가능한 일이기 때문입니다. 서로 자유를 나누어 다수가 자유로울 때 비로소 자유에 의미가 생깁니다. 일부 사람만 자유롭다면 오히려 그 공동체는 절망적이지요. 집단 다수가 이를 인식하고 또 인정하지 않으면 자유 공동체에 다다를 수 없습니다. 우리가 좀 더 시간이 필요한 이유이지요. 그러므로 일반 대중의 자유 상태는 힘 있는 자가 일부 양보해야 가능합니다. 만일 그들이 그렇게 하지 않는다면 냉철하고 정당하게 투쟁해야 하지요. 자유는 양보, 공유, 나눔으로 만들어가는 것이며, 만일 누군가, 무엇인가가 그렇게 하지 않는다면 한 치의 주저함도 없이 저항해야 합니다. 그렇지 않으면 후세 사람들에게 이런 이야기를 들을 것입니다. **"짐승에게 굴복하여 그들을 숭배하게 된 사람들의 비열함이여!"** (파스칼, 104)

삶은 자유와 부자유의 혼돈입니다. 삶이 자유롭다고 부자유를 벗어 난 것은 아니고, 삶이 부자유하다 하여 자유롭지 않은 것도 아니지요. **자유는 필연적 관계 속에서, 자기 보존과 지성의 그늘 아래, 제한적으로만 부여되는 것입니다.** 무지한 사람은 외적인 원인에 의하여 여러 가지 방식으로 동요되며, 결코 만족과 자유에 도달할 수 없지요. 이에 반하여, 지성을 가진 자는 자기 자신이나 신(神) 그리고 그 밖의 것을 [어떤 영원의 필연성]에 의해서 의식합니다. 그는 결코 단지 존재함에만 그치지 않고, 언제나 마음의 만족, 행복, 자유에 도달해 있는 것이지요. 자유에 도달하는 비밀의 열쇠는 [지성의 확보를 위한 몸부림과 열망]입니다. 오랜 단련과 깊은 사유가 필요한 이유이지요. 나는 감정 억제에 대한 무력(無力)을 복종이라 부르며, 지성은 그 감정을 제어하는 것임을 인지합니다. (스피노자, 63, 105)

자유는 우리 곁 어디에도 없습니다. 그는 험난한 계곡을 지나 저편 설산(雪山) 너머에 숨어있지요. 너무 험난한 길이라 그곳에 찾으러 갈 수조차 없습니다. 이렇게 우리는 자유롭지 못한 운명이지요. 그러나 계곡 깊숙이 숨어있는 자유는 더위에 지친 우리에게 그 서늘한 바람을 보내줍니다. 자유는 세심하게 준비된 자에게만 보내주는 선물입니다. 보통, 우리가 자유롭지 못한 이유이지요. 어느 날 아침, 눈을 떴을 때 갑자기 자유로울 수는 없는 일입니다. 자유롭기 위해서는 그에 어울리는 실력과 힘, 즉 탁월함을 준비해야 합니다. 음악을 위해 노동을 해야 하기도 하며, 철학을 위해 천문을 공부해야 할 수도 있지요. 우리는 오랫동안 겸손히 인내하고 단련해야 합니다. 드러내려 발돋움하면 제대로 오래 설 수 없고, 거드름 피우며 가랑이를 벌리고 걷는 자는 제대로 걸을 수 없지요. 자기를 내세우는 자는 도리어 밝게 나타나지 못하고, 자기를 옳다고 주장하는 자는 도리어 빛나지 못하며, 자기를 과시하는 자는 도리어 오래가지 못합니다. **자유의 계곡에 어울리는 힘을 가지려면 자기를 내세우지도, 주장하지도, 과시하지도 않으면서 밝게 빛날 수 있어야 합니다.** 실력이 조금밖에 안 쌓인 자가 오랫동안 인내하는 것은 드문 일이지요. 주위에서 군자를 보기 힘든 이유입니다. 이렇게 군자는 탁월함으로 무장해야 합니다. (노자, 106)

자본 소유 불균형에 의한 삶의 계층화는 일부 해방된 자유를 다시 억압할 것입니다. 자유에의 문은 소유 불균형을 파괴하고 그 계층을 전복하기 위한 냉철한 분노와 투쟁을 통해서만 달성 가능하지요. 만연하는 인간 처참의 근원은 자본가의 노동자 착취와 그들의 잉여 노동입니다. 지나친 가난은 개인의 노력 부족이나 게으름 탓이 아니라 자본 중심 사회 탓이지요. 인류 초유의 하루 12시간 이상 일하는 노동자에게 노력 부족과 게으름을 탓할 수는 없습니다. 우리는 소유 자본 재분배에 의해 민중에게 삶의 여유와 시간을 돌려주어야 합니다. 그것이 결국은 자본가들도 포함한 모두를 구하는 방법입니다. 나는 자본주의의 적일 수도 있지만, 자본주의의 완성자일 수도 있습니다. 자본주의는 지금도 내 덕에 겨우 그 명맥을 유지하고 있으니. (마르크스, 107)

자유의 투사들이라 하더라도 자유를 유산으로 물려주지는 못합니다. 자유는 상속할 수 있는 것이 아니기 때문이지요. 단언컨대, 계승된 자유의 시대란 없습니다. 자유는 언제나 그 시대 당사자들이 처음부터 다시 만드는 것이지요. 독재자에 의한 억압은 자유 일부에 대한 것입니다. 압제에 대항해서 쟁취한 자유도 감시하지 않는다면 또 다른 압제자에 의해 다시 억압될 것입니다. 대부분의 자유는 집단 속에 묻혀 있는 지극히 개인적인 것들이지요. 우리가 속한 집단 모든 개개인의 자유에 대한 열망과 그를 위한 투철하고 계획적이며 행동적 투쟁이 전제되지 않는 한, 자유는 조금도 진전하지 못합니다. 탄압자, 억압자, 몇 사람 제거되었다고 자유롭다 착각하면 오산이지요. 자유는 그 쟁취를 위한 끊임없는 투쟁과 함께, 시골 노인의 소박하고 주름진 얼굴과 도시 골목 너머

소년의 가슴까지, 우리 모두가 가지는 [생각의 힘]으로 완성되는 **통합 가치입니다.** 여기 지금, 우리는 아직 자유롭지 못합니다. 여전히, 투쟁심과 냉철함이 부족합니다. 자유를 위한 투쟁심이 식은 자들, 우리 현대인은 대중과 함께 달려온 대중 예찬자였지요. 그러나 이제부터는 대중의 적이 될 것입니다. 왜냐하면, 우리는 대중과 있기만 하면 자기의 나태함도 덕을 볼 것이라고 믿고, 대중을 따라왔는데 그러나 실제로 대중은 우리가 생각하고 있는 것처럼 결코 나태하지 않다는 것을 아직 모르고 있었던 것입니다. 대중은 항상 앞으로! 앞으로! 앞으로! 전진을 독촉하고 있다는 것을. 대중은 멈추고 있는 것을 누구에게도 허용하지 않는다는 것을. 그런데 나태해진 우리는 멈추고 있는 것을 좋아하게 되어버렸으니! 자유에 도달하는 문은 몇 번이라도 말하지만 투쟁! 투쟁! 투쟁! 입니다. (니체, 108)

누군가, 시를 사랑하는 자가 자유에 가장 가까이 있는 철학자의 특징, 네 가지를 이렇게 말했습니다. "그들은 주인에게 짖어대며 소란을 피우는 개이고, 바보들의 잡담 가운데 우두머리이며, 지나치게 예리한 쓸데없는 두뇌를 가진 무리이고, 자기가 거지임을 섬세히 따지는 놈팡이들이다." 그러나 지상의 사람들은 충실히 따르는 순종적 개의 태도에서 벗어나 소란을 피워야 겨우 자유를 얻을 수 있고, 바보가 아닌 현자(賢者)들의 상투적인 심각한 인사말에 이제 숨이 막혀버립니다. 인간 자유 확보를 위해 분주한 두뇌는 아무리 예민해도 지나치지 않고, 모두가 거지임을 섬세히 증명하여 평등적 자유를 쟁취해야 합니다. 자유에 도달하는 지름길은 바로 소란스런 개, 바보 같은 잡담꾼 우두머리, 쓸데없이 예리한 무리, 거렁뱅이를 자처하는 놈팡이가 되는 것이지요. (플라톤, 109)

우리 주변에서 자유로운 자는 잘 보이지 않습니다. 주위에는 모두 [자기의 자유롭지 못했던 억압의 슬픈 이야기]로 눈물 흘릴 준비가 되어 있는 사람들뿐이지요. "도대체 자유로운 자는 어디 숨어 있는가? 자유의 정원, 지혜의 정원에 도달한 자는 어디에 있는가?" 어느 날, 보랏빛 주홍으로 유혹하는 남서쪽 노을이 이렇게 말하는 듯합니다. "끝없는 우주도 법칙과 질서 속에 움직인다." 인간이 억압적 질서 속에 움직이는 것은 크게 이상할 것 없습니다. 자유로운 자는 신(神)뿐이지요. 그래도 우리는 죽음의 순간까지 자유를 찾을 것입니다. 산에 오르는 것처럼, 자유란 찾아 모험하는 것이지요. 그뿐입니다. **자유는 시지푸스의 신화와 같이 또 다른 부조리를 의지하는 과정이지, 성취하는 것은 아닙니다.** 우리는 신이 아닙니다. 너무 욕심부리지 않는 것이 좋지요. 인간의 힘으로 가능한 자유 상태는 기껏해야 자신만의 개별 공간 속, 개별 자유를 만드는 정도입니다. 나는 지난 일요일 일기에 이렇게 적었습니다. [가스등이 반짝였다. 잠시 나는 내가 사람들을 사랑하려는 것은 아닐까 하고 자문해 보았다. 그러나 결국 오늘도 '그들의 일요일'이지 '나의 일요일'은 아니었다. 변한 것이라곤 아무것도 없다. 그렇지만 모든 것들이 다른 형태로 존재하고 있다. 나는 그것을 묘사할 수 없다. 그것은 [구토]와 같은가 생각도 해 보았지만, 전혀 다르다. 하여간 어떤 모험이 나에게 일어나고 있다. 그래서 내가 자문해 볼 때 '나는 나이며, 내가 여기에 있다는 사실이 내게 일어나고 있다는 것'을 나는 안다. **이 어둠을 뚫고 걸어가는 것이 바로 나다. 나는 자유롭다. 나는 소설의 주인공처럼 행복하다.**] (사르트르, 110)

인류 정신은 자유가 있었던 사라진 정원에 가기 위한 표지판을 "인간에 대한 인간의 지배가 없는 세상 고드윈, 비열한 짐승들에게 굴복하지 않는 정신 파스칼, 지성의 확보를 위한 몸부림 스피노자, 민중의 삶에 여유와 시간을 돌려줌 마르크스, 나태하지 말고 투쟁할 것 니체, 어둠을 뚫고 가는 실존 사르트르"으로 다시 만들어 달고 있군요. 지혜의 신, 아테나는 지상의 사람들에게 이렇게 전합니다.

"우리가 궁금한 것은 자유를 어떻게 쓸 것인가인데
모두들, 자유롭기 위한 편법만 가르칩니다."

"억압과 독재를 벗어나면 가난이 드러납니다.

생각은 비슷해졌는데 가진 것이 다르기 때문입니다."

"자유로운 자는 없어도 자유를 의지(意志)하는 자는 눈에 띕니다.

전자는 신(神)이고 후자는 인간이지요."

　　◉ 자유의 땅에 도착하기 어려운 것은 잘못된 표지판도 한몫합니다.

✣ 자유의 정도는 그 선택의 숫자에 비례한다

하늘의 도는 높은 것을 억누르고 낮은 것을 들어올리며, 남는 것은 덜어내고 모자라는 것은 보태지요. 해가 진다고 슬퍼할 것 없습니다. 해가 지면 달이 뜨고, 아름다운 별들이 있지요. 하늘과 땅이 서로 합하여 단 이슬을 내려 주며, 그 감로는 누가 시키지 않아도 스스로 균등하게 만물을 적셔줍니다. 드러내지 않고 조용히 사람들에게 자유를 주는 자가 아니면, 스스로 진리와 도(道)를 누릴 수 없습니다. 남을 아는 것을 지(智)라 하고, 자신을 아는 것을 명(明)이라 하지요. 남을 이기는 것을 력(力)이라 하고, 자신을 이기는 것을 강(强)이라 합니다. 자신에 엄격하고

자신에 명령하는 명강(明强)한 자만이 자유로울 자격을 가지며, 진리와 도를 누립니다. (노자, 111)

자유는 인간이 지배할 수 있는 것이 아닙니다. 신의 영역을 침범해서는 안 되지요. 선한 자는 이미 그에 대한 보상으로 자유를 보장받으며, 악한 자는 어두운 밤 잠자리에서 자유를 제한받습니다. 자신의 태생적 강점과 우월한 지위를 이용해 약자의 자유를 억압하는 것은 범죄입니다. 성실함과 선함을 강점으로 가지고 태어난 자는 약하게 태어난 자를 가능한 도와야 하지요. 우리는 모두, 언젠가 반드시 약자가 될 것이기 때문입니다. 누군가 자유로움의 자격은 타인을 얼마나 자유롭게 해 주는지 여부로 판명되지요. 옛말에 이르기를 "군자는 물(水)을 거울로 삼지 않고 사람을 거울로 삼는다" 했습니다. 물을 거울로 삼으면 얼굴과 겉모습을 보게 되지만, 사람을 거울로 삼으면 길하고 흉한 것을 알 수 있기 때문이지요. (묵자, 112)

목적에 억압되지 않는 순진무구한 생성이 최대의 힘과 최대의 자유입니다. 개별 존재를 생성에 각인하는 일, 이것이 힘과 자유에의 의지이지요. 그러나 개인주의는 아직은 무의식적인 일종의 권력에의 의지입니다. 이타주의적 도덕의 설교도 사실은 개인주의적 이기주의에 봉사하고 있다는 점, 이것은 우리 시대 가장 흔한 허위의 하나이지요. 개인은 어떤 힘의 독립을 달성하면, 그 힘의 정도에 따라서 분리가 나타납니다. 개개인은 더는 소탈하게 서로 평등시하는 일이 없이, 자기와 동등한 자를 찾아 나서지요. 개개인은 자기와 다른 자들을 자신에게서 제거해 버리는 것입니다. 개인주의 몸체에 잇달아 사지(四肢)와 기관(機關)이 형성되며, 서로 닮은 경향은 통합되어 권력스러운 열매를 형성합니다. 이런 권력의 열매 사이에는 마찰, 투쟁, 힘의 인지, 조정이 있고, 최후에는 위계가 나타납니다. 우리는 이렇게 불순합니다. **아직 권력을 가지고 있지 않은 한에서만, 사람은 공평과 자유를 요구하지요. 권력을 가지고 있으면 반대로 더 압도적인 권력을 의욕합니다.** 그것을 획득하기에 아직 힘이 없으면 비린내 나는 [공평]을, 바꾸어 말하면 평등한 권력을 의지(意志)하지요. 우리 인간은 아직 자유를 가질 자격이 없어 보입니다. (니체, 113)

[선택할 수 없음]은 누구의 탓도 아닙니다. 자유의 부재이지요. 하지만 우리 삶은 이런저런 핑계를 대고 [선택하지 않음]도 적지 않습니다. 자유의 태만이지요. 나이가 들어 삶을 책임져야 하는 상황이 커지게 되면 자유의 부재는 더욱 많아집니다. 젊음은 이 관점에서 중요

한 장점을 가지지요. 그러므로 그것을 사용하지 않으면 비난받을 각오를 해야 할 것입니다. 사르트르 선생도 말했지만, 자유는 선택입니다. 역사의 발전은 자유의 정도, 즉 선택의 숫자와 비례하지요. 민중이 가지는 절대정신으로써 자유의 정도가 그 사회의 발전 정도입니다. [선택할 수 없음]의 벽을 부수어 나가, 그 선택의 숫자를 늘리는 것, 이것이 시대를 불문하고 당대의 부조리에 분노하고 행동해야 하는 젊은 자들의 제일 목표입니다. (헤겔, 114)

맑은 새소리와 풀벌레 소리는 진리를 전하는 비밀의 소리요, 풀잎과 이슬은 진리를 나타내는 내밀의 그림입니다. 깊이 배우는 자는 보고 듣는 것마다 깨치는 바 있으리니, 우리 모두 하나 빠짐없이 자유로울 수 있습니다. 무욕(無慾)으로 마음을 맑게, 가슴을 밝게 하면, 우리 모두 자유로울 자격이 어느새 생깁니다. 자신이 선택하는 삶을 사는 것은 그 방법이 오히려 무궁합니다. 힘 있는 자, 능력 있는 자만 가능하다고 생각하는 것은 오해이자 모략이지요. 대자연 속 정원을 거니는 자에게 대부장자의 정원은 초라한 법입니다. (홍사성, 115)

공자의 제자, 자장(子張)이 만구득(滿苟得)에게 말하기를 [자네는 어찌 인의(仁義)를 행하지 않는가? 인의를 행하지 않으면 남의 신용을 얻지 못하고, 신용을 얻지 못하면 직책에 맡겨지지 못하며, 직책에 맡겨지지 못하면 이득을 보지 못하네. 명예와 이득이라는 면에서 보더라도 인의는 참으로 옳지 아니한가?]하니, 만구득이 말하기를 [부끄러움이 없는 자는 부자가 되고, 말이 많은 사람은 출세를 하네. 세상에서 큰 명예나 이익을 얻은 자는 거의 부끄러움을 모르고 말이 많은 자이네. 명예나 이익은 인의를 행하지 않아도 얻어지는 것이라네.]라고 했습니다. 이때 무약(無約)이 말하기를 [당신의 행동을 일관성 있게 하지 말고, 당신의 인의를 행하지 말라. 당신의 부(富)를 추구하지 말고, 당신의 명예와 성공을 구하지 말라. 진성(眞性)과 천성(天性)을 잃으리라. 비간과 오자서는 충의(忠義)의 화를, 직궁과 미생은 신의(信義)의 재앙을, 포초와 광자는 청렴(淸廉)의 고통을, 공자와 관자는 인의(仁義)의 재난을 당하였다. 이렇게 선비는 자기 말과 행동을 반듯이 하고 실천하기 때문에 오히려 재앙과 환난을 당하는 것이다.]라 하였지요. 또, 무족(無足)이 지화(知和)에게 묻기를 [사람은 명예와 이익을 좇아 부자가 되면, 사람들이 몰려들어 굽실거리고 귀히 여김을 받아 몸을 안락하게 하며 즐겁게 할 수 있다. 그런데 자네는 그런 뜻이 없으니 지혜가 부족해서 그러한가?]하니, 지화는 이렇게 답했습니다. [그들은 오직 이익을 위하여 움직이므로, 몸을 편안히 하며 뜻을 즐기는 무위자연 속에서 일어나는 일을 알지 못한다. 그러므로 천자의 지위와 천하의 부를 얻어도 염려를 면할 수가 없다. 염려란, 자기가 해야 할 일을 잊는 어지러움(亂), 어렵고 많은 일을 생각해야 하는 괴로움(苦), 음락으로 육체가 소모되는 병(病), 이익 때문에 마음의 장애를 고칠 수 없는 치욕(辱), 재물을 모으려 쉬지 않고 번민하는 근심(憂), 재물로 도둑과 강도를 초조해하는 두려움(畏)이 그것이다.] 이렇듯 인의(仁義)와 이익과 명예 모두를 목표로 하지 않음으로써 비로소 자유로울 수 있는 자격을 갖추는 것입니다. (장자, 116)

나는 공리주의 철학자입니다. 현대 사회는 [다수]라는 이름의 폭력으로 스스로를 검열하게 하며, 인간 정신 속 도덕적 용기조차 희생됩니다. 즉 사회적 여론이 두려운 나머지, 보잘것없는 지성의 평화를 위해 스스로 자기 의견을 검열하는 상태가 되지요. 이 검열의 쇠사슬을 끊는 자만이 자유로울 수 있습니다. 다수 공동체 속에서, 서로 다른 의견에 대한 합리적 결론에 다다르는 방법은 개인 생각과 사상의 공표, 언론 출판에 대한 절대적 보장입니다. 인간 정신은 토론을 통해 발전하기 때문입니다. 자유의 근원은 자기와 다른 자의 인정이지요. [소수 의견을 가진 사람에 대한 공격]을 다수자의 뜨거운 양심, 정의의 분노로 오인하지 말아야 합니다. 자유란 소수 각자가 원하는 대로 자신의 삶을 꾸려 나가 도록 허용하는 것입니다. (존S밀, 117)

밀 선생, 소수 의견도 중요한지는 알겠지만, 무슨 수로 그 수많은 인간의 이기적이고 어리석은 생각들까지 모두 고려하겠습니까? 적당한 선에서 소수 희생할 사람을 선택해야지요.

벨페고르 선생, 가령, 전쟁을 위한 모병의 경우, 소수자 개 인이 종교적 신념에 따라 불참을 요청할 때, 국가는 그 의무사항을 합리 적 방법으로 변경 가능합니다. 물론 윤리, 정치, 노동 문제 등 마찰 해결 이 간단하지 않은 경우도 많지만, 중요한 것은 소수자 의견의 합리적 반 영입니다. 이것은 공동체를 다른 차원, 모두의 것으로 재탄생 시킵니다. 소수자 인용(認容) 정도가 그 집단의 지적 수준을 결정합니다. 소수 희생 자를 강요하는 것은 악마의 선택이지요.

나는 영국의 극작가입니다. '햄릿'에서 나는 이렇게 기술했 습니다. [사느냐 죽느냐, 그것이 문제로다. 포악한 운명의 화살이 꽂혀도 죽은 듯 참아야 하는가. 아니면 창칼을 들고 노도처럼 밀려드는 재앙과 싸워, 물리쳐야 하는가. 죽는 건 잠자는 것. 잠들어 마음의 고통과 육체에 끊임없이 따라붙는 무수한 고통을 없애준다면 죽음이야말로 우리가 열렬히 바라는 결말 아닌가. 죽는 건 잠자는 것. 잠들면 아마 꿈을 꾸겠지. 아, 그게 괴롭다. 이 세상의 번뇌를 벗어나 죽음에 잠든 때에 다시 악몽을 꾸지 않을까 하는 생각에, 죽는 것도 망설여진다. 그렇지 않으면 누가 세상의 채찍과 모욕을 참겠는가? 폭군의 횡포와 권력자의 오만함을, 우쭐대는 꼴불견들의 치욕을, 버림받은 사랑의 고통을, 고루한 재판과 안하무인의 모욕을, 선한 사람이 당하는 소인배들의 불손을, 어찌 참을 수 있겠는가? 한 자루의 칼이면 깨끗이 끝장을 낼 수 있는 것을 말이다. 죽은 뒤에 밀어닥칠 두려움과 한번 이 세상을 떠나면 다시는 못 돌아오는 미지의 나라에 대한 공포가 사람의 결심을 망설이게 한다. 알지 못하는 저 세상으로 뛰어드느니 차라리 익숙한 이승의 번뇌와 고통을 감내하자는 마음이 없다면, 그 누가 무거운 짐을 지고 괴로운 인생을 신음하겠는가? 이렇듯 지나친 분별이 우리를 모두 겁쟁이로 만드는구나. 이글이글 타오르는 타고난 결단력은 망설임으로 창백해지고, 침울함으로 녹슬어 버린다.] 당신은 자유를 원하기는 합니까? 자유를 찾는 것이 혹시 그것을 피하기 위해서는 아닌가요? 자유의 위험을 보고, 비겁하게 피해 왔습니까? 위선인가요? 알 수 없는 미래의 신기루를 위해, 부자유와 억압의 바닷속으로 가고 있지는 않습니까? 대지 속에 있을지 모르는 야수와 굶주림이 두려워, 감히 바다 위 배에서 내릴 용기조차 없습니까? 지금 바로 작은 뗏목을 던져, 육지로의 상륙을 시도해야 합니다. 더 늦기 전에 선택지를 늘려야 합니다. 바다에 있어도 어차피 오래지 않아 폭풍으로 배는 난파할 것입니다. (셰익스피어, 118)

세상에는 전문가는 아니지만, 사무실, 시장, 공원, 카페에서 남의 이야기를 듣는 그런 사람들로 가득합니다. 이들은 마흔이 가까워지면 밖으로 발산해 버릴 수 없는 경험으로 자신이 부풀어 오르는 것을 느끼지요. 다행스럽게도 그들은 자식을 만들었고 자식들을 통해서 그 자리에서 경험을 소비하게끔 합니다. 그들의 과거는 잃어버리지 않았고 그들의 추억은 압축되어 부드럽게 지혜로 변했다는 것을 우리에게 믿게 하려고 애를 쓰지요. 편리한 과거, 주머니 속 과거, 아름다운 격언으로 가득한 금빛의 조그만 책. "나를 믿으시오. 경험에 입각해서 말하고 있는 겁니다. 내가 아는 모든 것은 생활에서 얻은 거죠." 경험의 전문가라니? 그들은 사실, 삶의 마비와 반수면 상태 속에서 질질 끌려가고 있을 따름이었습니다. 나도 그들처럼 살아간다면, 그런 식으로 살아간다면, 사람들 집에 초대받을 수도 있을 것이고 「영원」 앞에 선 위대한 나그네라는 말도 들을 수 있을 것입니다. "경험과 생활이 그들을 대신해서 생각해준단 말인가?" 그들은 옛것을 가지고 새것을 설명합니다. 그리고 그 옛것은 더욱 옛것으로 설명할 것입니다. 결국, 그들은 아무것도 이해하지 못했던 것이지요. 그들의 잘난 체하는 태도 뒤에는 침울한 「태만」을 볼 수 있습니다. 그들은 줄지어 가는 사람들 모습을 보고 하품을 하지요. 이 하늘 아래 새로운 것이라곤 하나도 없다고 그들은 생각합니다. 미친 늙은이! 이제 그가 무슨 짓을 하든 우리는 놀라지 않습니다. 「왜냐하면」 그는 미친 늙은이니까. 아니, 그는 미친 늙은이가 아닙니다. 그는 단지 겁을 내고 있을 뿐이지요. 그런데 **무엇을 겁내고 있는 것일까요?** (사르트르, 119)

인류 지성은 삶에서 선택의 숫자를 늘리기 위한 여러 가지 숨겨진 성찰(省察)을 알려주는군요. 그것은 "자신을 드러내지 않음 노자, 이기심으로부터 탄생한 권력에의 의지 거부 니체, 무욕(無慾)의 세상을 통한 또 다른 삶을 보는 다양한 시선 장자, 사회 다수에 의한 자기 검열 파괴 존S 밀, 다양한 선택이 가능한 육지로의 상륙 셰익스피어, 이 세상에 새로운 것은 없다는 고집 센 자가 되지 말 것 사르트르"입니다. 나는 지혜의 신으로서, 사람들에게 이렇게 전합니다.

"노예로서 가능한 것은 자유가 아니라 사역의 모면뿐입니다.
자유인이 되려면 어차피 한 번은 위험한 모험을 감행해야 합니다."

"어제의 나도 내일 있을 나도

오늘 내 의지가 결정합니다."

"우리 시대는 젊을 수조차 없는가!"

"현명하지 않은 삶의 자유로움이

눈물 나도록 그리울 때가 그리 멀지 않습니다."

 자유의 정도는 그 선택의 숫자에 비례합니다.

✤ 인류 정신 자유 십계

1. 자유로워질 수밖에 없는 필연을 매일 조금씩 준비하라. (스피노자)

2. 혼자 손해 보고 말겠다는 '점잖은 무관심'이 공동체를 무너뜨린다. (예링)

3. 복종시키는 것, 복종하는 것, 모두 신을 거역하는 일이다. (존로크)

4. 그 일이 자유로운가가 아니라, 자유를 주는가를 숙고하라. (아우렐리우스)

5. 당신의 노력이 겨우 좀 더 일반적인 인간이 되려는 것인가? (도스토예프스키)

6. 우리 삶의 목표는 지금 바로 가능한 것이어야 한다. (루소)

7. 염려와 불안, 상식과 잡담에 지배받는 자가 되지 말라. (하이데거)

8. 인간에 의한 인간에 대한 지배가 없는 사회를 목적하라. (고드윈)

9. 짐승에 굴복하여, 그를 숭배하는 비열함, 그것만큼은 안 된다. (파스칼)

10. 과시하지 않아도 빛나는 작은 탁월함 하나가 자유를 줄 것이다. (노자)

76. 의상 신라 시대 화엄(華嚴) 승려, [법성게] 동국대 정각원 법요집, 2001, p92, 제2편 예경편.

　　法性圓融無二相　—即—切多即—

77. 사르트르 [존재와 무] 을유문화사, 양원달역, 1983, p764, 제4부 「가지다」「하다」「있다」

78. 예링 [권리를 위한 투쟁] 주니어김영사, 윤지근저, 2010, p184, 제10장

79. 혜능 [육조단경] 법공양, 원순역, 2009, p39, 제1장 悟法傳衣

　　菩提本無樹　明鏡亦非臺　本來無一物　何處惹塵埃

80. 니체 [반시대적고찰] 청하, 임수길역, 1982, p194, 제3편 1

81. 스피노자 [에티카] 대양서적, 정명오역, 1981, p221, 제4부, 인간의 복종 또는 감정의 힘

82. 까뮈 프랑스 실존주의 소설가

　　[이방인, L'ÉTRANGER] Alors, je ne sais pas pourquoi, il y a quelque chose qui a crevé en moi. Je me suis mis à crier à plein gosier et je l'ai insulté et je lui ai dit de ne pas prier. Je l'avais pris par le collet de sa soutane. Je déversais sur lui tout le fond de mon coeur avec des bondissements mêlés de joie et de colère. Il avait l'air si certain, n'est-ce pas ? Pour-tant, aucune de ses certitudes ne valait un cheveu de femme. Il n'était même pas sûr d'être en vie puisqu'il vivait comme un mort. Moi, j'avais l'air d'avoir les mains vides. Mais j'étais sûr de moi, sûr de tout, plus sûr que lui, sur de ma vie et de cette mort qui allait venir. Oui, je n'avais que cela. Mais du moins, je tenais cette vérité autant qu'elle me tenait. J'avais eu raison, j'avais encore raison, j'avais toujours rai-son. J'avais vécu de telle façon et j'aurais pu vivre de telle autre. J'avais fait ceci et je n'avais pas fait cela. Je n'avais pas fait telle chose alors que j'avais fait cette autre. Et après ? C'était comme si j'avais attendu pendant tout le temps cette minute et cette petite aube où je serais justifié. Rien, rien n'avait d'importance et je savais bien pourquoi. Lui aussi savait pourquoi.

83. 스피노자 [에티카] 대양서적, 정명오역, 1981, p224, 제4부, 인간의 복종 또는 감정의 힘

84. 니체 [반시대적고찰] 청하, 임수길역, 1982, p184, 제2편10

85. 석가 [금강반야바라밀경] 묘행무주분(妙行無住分), 제4

　　所謂不住色布施　不住聲香味觸法布施　何以故　若菩薩　不住相布施　其福德　不可思量

86. 사르트르 [존재와 무] 을유문화사, 양원달역, 1983, p12, 769, 서언, 제4부

87. 키에르케고르 [이것이냐 저것이냐] 휘문출판사, 김영철역, 1971, p14, 디아프살마타

88. 예링 [권리를 위한 투쟁] 주니어김영사, 윤지근저, 2010, p225,p231, 제10장,12장

89. 예수 [성경전서] 대한성서공회, 김호용역, 1982. p471, 잠언 29

90. 존로크 [정부론] 주니어김영사, 이근용저, 2010, p65, 제3장

91. 아우렐리우스 [명상록] 인디북, 유동범역, 2003, p87, 제5장

92. 마르크스 [자본론] 주니어김영사, 최성회저, 2010, p41, p46, 제2장

93. 쇼펜하우어 [의지와 표상으로서의 세계] 을유문화사, 곽복록역, 1983, p142, 제2권 서언

94. 융, 스위스 분석심리학자 [인간과 상징] 집단무의식, 자기 원형

95. 괴테, 독일 고전주의 작가 [파우스트] 삼성출판사, 박찬기역, 1991, p26, 천상의 서곡편

96. 디오게네스, 그리스 견유(犬儒) 철학자

　　[不明, 그리스 철학자 열전] 동서문화사, 전양범역, 2016, p370, 제6권 2. 디오게네스

참고한 문헌

97. 도스토예프스키 [지하로부터의 수기] As for what concerns me in particular I have only in my life carried to an extreme what you have not dare to carry halfway, and what`s more, you have taken your cowardice for good sense, and have found comfort in deceiving yourself. So that perhaps, after all, there is more life in me than in you. And try to contrive to be some sort of impossible generalized man. We are stillborn, and for generations past have been begotten, not by living fathers, and that suits us better and better.

98. 니체 [선악을 넘어서] 청하, 김훈역, 1982, p162, 제7장 227

99. 루소 [인간 불평등 기원론] 본론, 첫 페이지에서 설명하는 두 번째 불평등, 제2부 첫 페이지

100. 장자 [노자·장자] 삼성출판사, 이석호역, 1983, p216, p217, 장자, 내편, 4.인간세

101. 키에르케고르 [공포와 전율] 삼성출판사, 손재준역, 1985, p64, p76-80, 문제편

102. 하이데거, 20세기 독일 실존철학자

    [존재와 시간] 주니어김영사, 임선희저, 2010, p160, p177, p179, 제5장, 제6장

103. 윌리엄 고드윈, 영국 정치철학자 [정치적 정의], Philp, Mark, "William Godwin", The Stanford Encyclopedia of Philosophy (Summer 2013 Edition): Edward N. Zalta (ed.), 하승우 [아나키즘] 책세상, 2008, Anarchy Space, http://anarchian.tistory.com/595 [아나키즘] 영국의 아나키스트 고드윈, 네이버 시사상식사전 http://terms.naver.com/entry.nhn?docId=70943&cid=43667&categoryId=43667

104. 파스칼 [팡세] 박영사, 안응열역, 1975, p111, 제1부, 비참 51

105. 스피노자 [에티카] 대양서적, 정명오역, 1981, p256, 제5부, 정리 42

106. 노자 [노자·장자] 삼성출판사, 장기근역, 1983, p82, 도덕경, 상편, 제24장.고사(苦思)

107. 마르크스 [자본론] 주니어김영사, 최성희저, 2010, p23, p117, p129, 제1장, 제5장, 제6장

108. 니체 [즐거운 지식] 박영사, 박준택역, 1985, p244, 제3서 170

109. 플라톤 [국가] 주니어김영사, 손영운저, p221, 제12장

110. 사르트르 [구토] 학원사, 김희영역, 1986, p83, 일요일

111. 노자 [노자·장자] 삼성출판사, 장기근역, 1983, p103, p106, p121, 도덕경, 상편

112. 묵자 [한비자·순자·묵자] 삼성출판사, 김학주역, 1982. p243, 묵자, 5.비공편下

113. 니체 [권력에의 의지] 청하, 강수남역, 1988, p458, p460, 제3권, 제3장

114. 헤겔 [역사철학강의] 주니어김영사, 심옥숙저, 2010, p29, 제1장

115. 홍자성 [채근담, 傳心見道] 鳥語蟲聲 總是傳心之訣 花英草色 無非見道之文 學者 要天機淸澈 胸次玲瓏 觸物 皆有會心處

116. 장자 [노자·장자] 삼성출판사, 이석호역, 1983, p477, p479, 장자, 도척편

117. 존S밀 19세기 영국 공리주의 사회 철학자

    [자유론] 주니어김영사, 홍성자저, 2010, p99, p114, p161, 제6장, 제7장

118. 세익스피어, 영국의 극작가, [햄릿] 삼성출판사, 이봉주역, 1991, p55, 제3막, 제1장

119. 사르트르 [구토] 학원사, 김희영역, 1986, p102, 사순절 전 화요일

정원 속 어느 나무 하나는 계절을 앞서가는지

짙은 갈색 나뭇잎으로 바뀌어버렸고

해가 드는 벽돌색 언덕은 따뜻한 온기를 내뿜어

나무들도 그 따뜻함을 기다리는 것처럼 그곳을 바라보고 있습니다.

이제, 정원의 옅은 어둠이 나무들 색을 검게 만들고

주홍색이나 노란색이었던 모과나무

붉어지는 당단풍 잎사귀는 모두 구분이 없어졌습니다.

바람이 조금 차가워져도

검게 무거워진 나뭇잎을 흔들 정도로 세차진 않아서

내일 아침 해가 부드러운 붓으로 몇 번 그리면

다시 본래의 색으로 채색될 것입니다.

정의, 도덕을 위한 냉철한 분노

우리는 왜 공평한 대우를 받지 못하는가

우리는 왜 공평한 대우를 받지 못하는가

- 정의, 도덕을 위한 냉철한 분노 -

❧ 정의를 위한 첫걸음은 정의로 가장한 자들을 찾아내는 것으로 시작한다

❧ 세상 모든 남을 정의롭게 하느니 세상 모든 나만 정의로워지면 된다

❧ 자기기만을 자꾸 하면 어느 날 깨어났을 때 벌레가 되어 있을 것이다

❧ 도덕은 깨어있는 정신의 공존적 행복에의 의지이다

등장인물

플라톤 / 니체 / 존S밀 / 순자 / 한비자 / 칼릴지브란 / 하이데거 / 칸트 / 지혜의 신, 아테나 / 사르트르 / 루소 / 지눌 / 공자 / 위로의 신, 앙게로나 / 알튀세르 / 몽테뉴 / 키케로 / 소크라테스 / 정의의 여신, 디케 / 빈두루존자 / 장자 / 파스칼 / 나태의 악마, 벨페고르 / 아리스토텔레스 / 자사 / 노자 / 오만의 악마, 루시퍼 / 베르그송 / 헤겔 / 베이컨 / 분노의 악마, 사탄 / 탐욕의 악마, 마몬 / 혜능 / 시기와 질투의 악마, 리바이어던 / 헤세 / 카프카 / 괴테 / 하르트만 / 도스토예프스키 / 홉스

정원이 비로 가득하다. 태양 빛과 빗물이 빨간 나뭇잎에서 만나 붉게 빛난다. 이제 곧 나뭇잎은 지고 겨울잠에 빠질 것이다. 이렇게 날이 추워지고 차가운 바람이 불면, 산 자와 죽은 자가 구분이 안 되도록 얼어붙을 것이다. 그래도 계절이 무언가 잘못한 것은 아니다.

지상의 사람들은 인류 정신으로부터 "내 가치는 저 사람보다 못한가?" 그리고 "우리는 왜 마음대로, 생각한 대로 살 수 없는가?"라는 질문에 대하여 그들의 성찰(省察)을 들었습니다. 이제, 사람들이 왜 공평한 대우를 받지 못하고 있는지에 대하여 그리고 무너진 정의의 회복을 위한 대안이 무엇인지에 대하여 이야기를 들어보도록 하지요.

✲ 정의를 위한 첫걸음은 정의로 가장한 자들을 찾아내는 것으로 시작한다

지상의 삶이 정의롭지 못한 불공평으로 고통받는 이유는 그들의 정치 체제가 근본적으로 잘못되어 있기 때문입니다. 사람들은 마치 현재 민주 정치가 가장 뛰어난 것으로 착각하고 있는 것이지요. 정의로운 국가는 다수가 참여하는 민주 정치가 아니라, 철학과 교육을 통한 선택 받은 소수에 의한 귀족 철인 정치에 의해서만 가능합니다. 민주주의는 무정부 상태와 크게 다르지 않지요. 절대 평등하지 않은 사람들을 평등하게 대하는 조금 이상한 정치 체제입니다. **민주 정체는 오만·무례함을 용기 있는 교양으로, 무정부 상태를 낭만스런 자유로, 사치·낭비를 타인을 위한 도량으로 생각하지요.** 이들은 술에 취해 피리를 불고, 운동 경기에 열중하는가 하면, 욕망 해소를 위해 도덕을 버리고, 게으름을 피우면서 나태해집니다. 우리는 어리석은 민중을 통해서는 절대 정의로운 국가에 다가설 수 없지요. 정의를 기반으로 하는 이상 국가를 만들려면 대략 10세부터 50세까지 40년 동안 조직적, 체계적 교육을 통한 철인 통치자를 양성해야 합니다. 정의와 정의로운 자를 하루아침에 가지려고 하는 것은 지상 사람들의 어리석은 욕심이지요. (플라톤, 120)

플라톤 선생, 인간이란 족속이 그 정도 교육받은 풋내기 철학자들에 의해 정의로워 지고 또 선해질 것으로 생각하는 것은 우스꽝스러운 오류입니다. 인간들은 그렇게 이성적인 동물이 아니지요. 그들 역사에 정의란 없습니다. 대부분, 그럴듯한 사기만 있을 뿐. 정의는 그럴듯한 명분과 철학으로 위장하려는 권력 도구일 뿐이지요. 선생들도 이미 잘 알고 있지 않은가요? 인간의 정의는 너무나 이기적입니다. 그러므로 정의를 외치는 인간은 신뢰하기 어렵지요. 이는 마치 도둑이 도덕을 가르치려고 하려는 것과 다를 바 없습니다. 지금 지상의 인간 중 누가 자기를 정의롭다고 떠벌릴 수 있겠습니까?

벨페고르 선생은 그런 인간들 덕에 살면서 불만이 많군요. 우리가 정의롭지 못한 이유는 적지 않게 자기 자신의 위선에 있습니다. 많은 사람은 자기 자신에게 명령할 수는 있지만, 더 나아가 자기 자신에 복종하지 못하는 경우가 많지요. **머릿속, 이성이라는 가면을 쓰고 정의를 위해 앞으로! 나아가라고 큰소리치지만, 정작 본인은 한 걸음도 꼼짝하지 못하는 위선자들이 바로 그들입니다.** 자기 자신에 복종하지 못하는 자는 누군가에 복종하지 않으면 안 됩니다. 타인에 복종하는 자는 정의와는 관계없는 자입니다. (니체, 121)

무너진 공평의 정의를 다시 세우기 위해서, 그리고 지상의 개인이 정의로운 자로 다시 태어나기 위해서는 정의의 목표를 다시 생각해봐야 합니다. "최대 다수에게 최대 행복"을 주는 것에 대한 호평은 그쯤에서 그만두는 것이 좋습니다. 행복을 위해 [각자가 개별적 자신의 삶을 도모하는 것] 이상으로 중요한 것은 없습니다. 우리는 다수가 개인에 대해 간섭할 수 있는 경우를 엄격하게 제한해야 하지요. 타인 행동의 자유를 침해할 수 있는 경우는 자기 보호를 위해 피치 못할 때뿐이며, 권력의 사용도 누군가 다른 사람에게 해를 끼치는 경우에 한해서만 정당합니다. (존S밀, 122)

밀 선생, 요즘, 나는 분노의 악마, 사탄 지상 인간들의 행복을 방해하고 있습니다. 각자 삶을 자유롭게 도모하라는 선생의 말을 빌려 좀 더 즐거운 삶, 좀 더 편안한 삶이 정의인 양 그들을 유혹해서 그에 반하면 분노하도록 강요하지요.

법칙을 좋아하여 말하기 좋아하는 사람을 선비(士)라 하고, 법칙에 의지를 독실히 가져 몸에 붙여 행하는 사람을 군자(君子)라고 하며, 이치에 밝아 사람의 법칙을 만드는 이를 성인(聖人)이라 합니다. 사탄 선생, 지금 지상은 선생 말고도 말하기 좋아하는 시끄러운 선비들로 가득합니다. 그들은 세상을 다툼의 아수라장으로 만들어버렸지요. 이제 선비는 더는 필요 없습니다. 지금 지상은 선비도, 군자도 아닌 법칙을 만드는 성인이 필요한 것으로 보이는군요. 소수를 위한 절름발이 정의에 의해 질식당해 공평이 무너지고, '정의로운 자가 눈에 잘 보이지 않는 것'은 바로 법칙을 다시 만들 때, 즉 철학을 다시 손볼 때, 그때가 도래했음을 나타냅니다. (순자, 123)

순자 선생, 새로운 성인과 그 철학을 기다리는군요. 인간에게 그럴 능력이 있을까요? 정의는 신의 일이지 인간의 일이 아닙니다. 인간이 정의롭다는 것은 오만이지요. 인간은 자신의 이익 이외에 타인의 이익을 염두에 둘 만큼 도덕적이지 않습니다. 그것이 인간이란 족속의 속성이지요. 그들은 어찌하다 정의를 겨우 알 수는 있겠지만, 그것을 행동으로 옮길 수 있는 능력도 용기도 없습니다. 이미 정의의 신은 그 목적대로 다수의 이익을 위한 지식을 알려주었지만, 인간들 삶을 변화시키는 데는 실패했지요. 그것을 행동으로 연결해주는 그들의 결정적 의지가 없기 때문입니다. 정의는 대부분 의지의 문제이지요. 이는 인간이 어쩌다 신으로부터 지혜를 얻어도, 그 소중한 지식과 철학이 그들 삶에 이익을 주지 못하고 무력해지는 이유와 동일합니다. 새로운 철학? 소용없습니다.

루시퍼 선생이 말한 지상 사람들의 오만과 무력에 대해서는 일부 동의합니다. 지상에 있을 때, 그것에 대하여 나는 이미 오래전 통찰했지요. 군주에게는 주의해야 하는 다섯 종류의 신하가 있습니다. 민심을 얻으려는 자, 세를 모으는 자, 지혜 있는 자를 모으는 자, 신망을 얻으려는 자, 옳고 그름을 논하기를 좋아하는 자가 그들이지요. 이들은 언젠가 군주를 능가하려 하기 때문입니다. 인간의 본성은 이(利)를 추구하지요. 사람들이 온 몸을 던져 성심을 다할 것이라는 기대는 버리십시오. 그들은 이(利)를 좇을 뿐입니다. **이(利)를 좇는 자를 다스리기 위해서는 해(害)를 주는 법(法)으로 다스려야 하지요.** 사람 모두를 잘 다스려 다수에게 이(利)가 분배되도록 하는 것이 정의입니다. 많은 사람이 행복하기 위해서는 법술세(法術勢)의 억압과 통제로 백성을 다스려야 하지요. 전에 말한 바와 같이, 1,000년을 혼란으로 백성을 비참하게 하고, 한번 잘 다스려지는 것이 요순을 기다리는 어리석음입니다. 인의(仁義)로 다스린다는 것은 100일을 굶은 자에게 조금 더 기다려 진수성찬을 먹으라는 말과 같이 비현실적이지요. 인의의 원칙만을 가지고 사람을 가르치는 것은 '오래 살게 해주겠다'거나 '지혜롭게 해주겠다'는 식의 인간이 하기에는 불가능한 일을 하겠다는 것입니다. 진실한 지도자는 위대한 군주로 칭송받으려는 욕심을 버리고 당장 나라를 바로 잡는 일에 힘쓸 일입니다. 인의를 강조할 시간도 여력도 없습니다. (한비자, 124)

지상의 인간은 사람 많은 광장에서는 정의를 외치지만, 어둡고 습한 자신만의 공간에서는 정의와 반(反)정의가 싸우고 있습니다. 정의에 편에 설 것인가, 반정의 편에 설 것인가, 득실을 계산하지요. 정의는 엄청난 권력자에게만 이용되는 도구가 아닙니다. 평범한 거리의 인간들 모두에게도 자신의 행동과 삶을 자랑스럽게 보이기 위한 그럴듯한 가면 역할을 충실히 수행하지요. 정의는 인간 행동을 인도하는 것이 아니라, 그들 행동을 변명하고 설득하는 도구일 뿐입니다. 정의는 내가_{탐욕} _{의 악마, 마몬} 만들어 낸 최고의 걸작이자 괴물이지요. **인간이란 족속은 오늘 어쩌다 한 번 정의롭게 행동했다고 자신을 정의로운 자라고 착각해 버리지요. 그리고선 내일은 너무도 쉽게 정의에 등을 돌립니다.** 사정이 바뀌면 얼굴빛을 바꾸는 나와 크게 다를 바 없지요. 인간이란 족속에게 정의는 자신을 공평하게 하는 데가 아니라, 다른 자가 정의로운지 감시하는 데 사용될 뿐입니다. 이것이 지상의 권력자가 아무리 바뀌어도 세상이 바뀌지 않는 이유이지요. 내가 그들을 조종하는 한 불가능합니다.

마몬 선생, 인간은 정의도 소유할 탐욕의 대상으로 보고 있다는 말이군요. 지상의 인간이 워낙 정의롭지 못해, 정의에 대해서는 악마 선생들의 공격을 쉽게 피해가지 못하는군요. 옛날에 한 시인이 연가(戀歌)를 썼습니다. 그것은 매우 아름다웠습니다. 그는 마을 사람 모두에게 그것을 편지로 써서 보냈지요. 그중 한 여인이 그 연가에 매혹되어 시인에게 약혼하자고 편지를 썼습니다. 그런데 시인으로부터 그 시(詩)가 마을 사람 모두에 보낸 연가라는 답장을 받자, 그 여인은 그 아름다운 연가를 화를 내며 찢어버렸습니다. 정의도 같은 운명입니다. **자기만을 위해 주지 않으면 돌아서 버리지요.** 아름다운 사랑에서조차, 우리 인간은 자기를 위해 많은 것을 희생해줄 것을 기대하고 그 사람을 좋아하지만 그 사람이 그 기대를 저버리면 즉시 증오할 준비를 하고 있는, 탐욕에 가득 찬 형편 없는 족속이긴 합니다. (칼릴지브란, 125)

지상의 사람들이 아무리 악마 선생들로부터 공격을 받아도 우리 인류는 무너진 정의를 곧 다시 세울 것이며, 가장하지 않은 실로 정의로운 자가 그것을 다시 찾아 나설 것입니다. 각인(各人)의 자유가 타인의 자유와 공존할 수 있도록 하는 것이 정의입니다. 즉 [최대의 인간적 자유 공존]이 정의(正義)이지요. 밀이나 벤덤 선생의 최대 다수, 최대의 행복이 정의는 아닙니다. 행복은 자연히 따라오는 것이기 때문입니다. [정의롭지 못함]은 인간의 본성에서 불가피하게 발생한다기보다는, 오히려 입법 과정에서 진정한 정의 이념을 등한시하는 데서 발생하는 것이기 때문에 여러 가지 방해물을 제거하지 않으면 안 됩니다. 입법과 행정이 정의 이념에 일치해 있다면, 플라톤 선생이 주장한 바와 같이, 그 완전한 질서로 정의를 눈앞에 보게 될 것입니다. 그리고 비록 완전한 질서가 결코 실현되지 않는다 하더라도, 우리의 [정의에 대한 의지]가 가능한 그곳에 점점 접근하게 한다면 그것은 전적으로 정당한 것입니다. 우리 인간은 조금씩 정의에 접근할 수 있습니다. 정의는 타인과 자유를 공유하려는 따뜻한 마음입니다. (칸트, 126)

 칸트 선생, 인간들이 이성의 힘으로 정의에 접근할 것으로 낙관하는군요. 인간의 이성은 정의를 [이익 분배] 또는 [인간 발전]을 위한 인간의 선한 의지로 가장합니다. 둘 다 만족할 수는 없지만, 적어도 둘 중 하나는 목적으로 한다고 떠벌립니다. 그리고선 정의가 무엇인지는 누구도 답하지 않지요. 그들도 잘 모르기 때문이고 또 필요에 따라 변해야 하기 때문입니다. 약자를 위한 분배를 위해 또는 인간 발전을 위해 날카롭고 무자비한 칼이 필요할 때, 그 논리들을 인간들의 정의는 모두 제공합니다. 정의는 악마와 같아서 그 모습을 변화시키면서 인간을 괴롭히지요. 어떤 때는 민중에게 날카로운 칼을 쥐여주기도 하고, 어떤 때는 권력자에게 그 무자비한 칼을 부여합니다. 인간들의 이성적 두 가지 정의 때문에 인간은 도무지 다수자 또는 권력에 대항도 제대로 하지 못하고 계속 비참하게 당하고 있기만 하지요. 인간들의 이성은 오히려 그들을 파멸시킬 겁니다.

루시퍼 선생의 불만은 정의에 대한 인간의 오류를 두고 시비(是非)를 가리기 때문이지요. 정의란 그렇게 무엇인가를 위해 결정되어 있는 것이 아닙니다. 지상은 이제 사람의 다양성이 존중되는 시대입니다. 그러므로 이 시대의 정의는 다수가 자신의 이익을 위해 살아가는 어지러운 삶 속에서 [가치 다양성의 균형을 잡아주는 것]입니다. 자신의 삶을 다른 사람들이 동의하거나 칭찬을 할 거라는 기대는 하지 않는 것이 좋습니다. 잘못된 정의로 인해 우리 시대는 그것을 악용하는 자들로 부패와 혼란에 빠져 있지요. **이토록 썩은 시대에 그 오염을 겨우 모면했다고 스스로 느끼고, 마음속으로 '도둑질하지 않고 약속을 지키며 남을 이용하지 않고 정직히 살아왔다'고 말할 수 있는 것은 하찮은 낙이 아닙니다.** 이것은 영혼을 즐겁게 해주는데, 이는 신이 주는 위대한 보상이지요. 정의로운 덕행의 대가를 남의 칭찬 위에 두는 것은 너무나도 불안정하고 어지러운 기초를 짓는 일입니다. 특히 오늘과 같은 부패와 무지의 시대에 있어서, 민중의 호평이 오히려 모욕인 터인데. (몽테뉴, 127)

인간이란 앞에서는 칭찬하면서도, 뒤에서는 항상 비하하고 비난할만한 거리, 약점 거리를 끊임없이 찾고 있는 어쩔 수 없는 족속이지요. 그들은 자기보다 뛰어난 듯한 자를 도저히 보아 넘길 수 없는 시기와 질투의 화신입니다. 그들이 칭찬한다는 것은 그것은 이미 별것 아니라고 생각했기 때문이라, 몽테뉴 선생 말대로 모욕이라 생각할 수 있지요. 인간들의 시기와 질투는 악마보다 덜 하지 않습니다.

@ 시기와 질투의 악마, 리바이어던

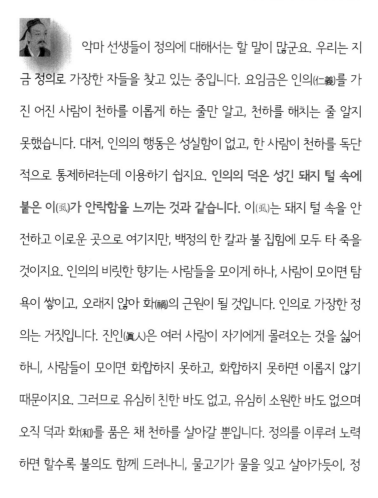 악마 선생들이 정의에 대해서는 할 말이 많군요. 우리는 지금 정의로 가장한 자들을 찾고 있는 중입니다. 요임금은 인의(仁義)를 가진 어진 사람이 천하를 이롭게 하는 줄만 알고, 천하를 해치는 줄 알지 못했습니다. 대저, 인의의 행동은 성실함이 없고, 한 사람이 천하를 독단적으로 통제하려는데 이용하기 쉽지요. **인의의 덕은 성긴 돼지 털 속에 붙은 이(虱)가 안락함을 느끼는 것과 같습니다.** 이(虱)는 돼지 털 속을 안전하고 이로운 곳으로 여기지만, 백정의 한 칼과 불 집힘에 모두 타 죽을 것이지요. 인의의 비릿한 향기는 사람들을 모이게 하나, 사람이 모이면 탐욕이 쌓이고, 오래지 않아 화(禍)의 근원이 될 것입니다. 인의로 가장한 정의는 거짓입니다. 진인(眞人)은 여러 사람이 자기에게 몰려오는 것을 싫어하니, 사람들이 모이면 화합하지 못하고, 화합하지 못하면 이롭지 않기 때문이지요. 그러므로 유심히 친한 바도 없고, 유심히 소원한 바도 없으며 오직 덕과 화(和)를 품은 채 천하를 살아갈 뿐입니다. 정의를 이루려 노력하면 할수록 불의도 함께 드러나니, 물고기가 물을 잊고 살아가듯이, 정

의를 자기 몸에 취하여 살아갈 뿐, 정의로써 무엇인가 이루려 하는 것은 삼갈 일이지요. (장자, 128)

      장자 선생, 나태의 악마, 내가 제일 좋아하는 '그냥 내버려 두라'는 말이군요. 하긴 인간들이 열심히 한다고 해봐야 별로 소용없는 일이지요. 원래 정의는 불평등을 해소하는 인간 최대의 정신 작용이지만 2,500년 인간 역사가 흘러도 불평등은 그대로입니다. 내가 조금 거들기는 했지만, 정의를 파괴해온 것은 바로 인간들 스스로이지요. 뛰어난 인간은 평등을 원하지 않습니다. 평등을 원하는 것은 약한 인간들뿐이지요. 이는 미련한 인간의 졸렬한 특성입니다. 문제는 항상 이기심이지요. 이렇게 '인간이란 나태하고 이기적인 족속'에게 정의는 반(半)만 진리입니다.

      벨페고르 선생, 내 말을 잘 이해를 못 했군요. 인의와 정의 같은 인위의 덕으로 세상을 다스리지 말라는 것은 타인을 다스리려 하지 말고, 자기 스스로를 다스려 세상이 저절로 다스려지도록 한다는 것입니다. 스스로 닦지 않으면 인의의 덕에도 조차 미치지 못하는 것이지요. 나태한 것과는 정반대입니다. 오히려 인의의 군주에 세상을 맡기는 것이야말로 자신에 나태한 것이지요.

현실적으로 세상을 보면, 정의는 재화의 소유권을 그 근원으로 합니다. 소크라테스 선생이 국가 공동체를 위해 재산의 공유, 부인이나 자식의 공유까지도 제안한 것은 설득력이 있습니다. 사기, 절도, 폭력, 살인 등 모든 사회악이 사유재산에 기인하기 때문이지요. 그러나 재산 공유에 기인한 사회의 역(逆) 발전 또한 공동체를 혼란시킵니다. 나는 재산의 개인 소유를 인정하되, 사용은 공동으로 할 것 그리고 [누구나 어느 정도 여유 있게 살 수 있을 만큼은 재산을 갖도록] 적절히 소유를 분배할 것을 주장합니다. 이기심을 자제하고 서로 소유를 나누어 가지는 [베풂의 미덕]을 교육시키고 강제하는 것은 국가의 중요한 직무입니다. 개인들도 각자의 공동체에서 부의 과도한 불균형 같은 [소유 분배 정의를 가로막는 것]에 대하여, 다수의 연합을 통해 조직적으로 철저히 파괴해나가는 것을 목표로 해야 합니다. (아리스토텔레스, 129)

선과 악에 관한 이야기라 악마 선생들도 하고 싶은 말이 많은 것 같습니다. 이곳, 인류 지성은 정의의 첫걸음으로 "평생에 걸친 지속적 교육 플라톤, 정작 본인은 한 걸음도 나아가지 못하는 위선의 탈피 니체, 개별적 자기 삶의 도모 존S밀, 선지자적 시대 철학 도출 순자, 소유의 적절한 분배 아리스토텔레스"에 대하여 그들의 통찰(洞察)을 전하는군요. 지혜의 신 아테나는 이렇게 전합니다.

"태양이 떠오르면 밤사이 생각한 것만큼 그렇게

감출 수 있는 것이 많지 않습니다."

"우리는 가장(假裝)하지 않는 것이 좋습니다.

처음에는 호감을 얻겠지만 두 번째는 조롱거리로 전락할 것입니다."

"정의에 대해서는 다소 모른 척해야 합니다.

너무 아는 척하면 다수가 반발합니다."

"사람들을 구하려는 생각을 하는 정의로운 자는

동굴에서 포효하며 뛰어나오는

사납고 용맹스런 황금빛 갈기를 가진 사자 같아야 합니다."

▣ 정의를 위한 첫걸음은 정의로 가장한 자들을 찾아내는 것으로 시작합니다.

✤ 세상 모든 남을 정의롭게 하느니 세상 모든 나만 정의로워지면 된다

[민중의 자유 정도]가 그 사회의 발전 정도입니다. 이성은 옳고·그름, 거짓·진실, 선·악, 해야 할 것·해서는 안 될 것을 아는 능력이

지요. 칸트 선생이 말한 대로, 자유는 '마음대로'라는 뜻이 아니라 [스스로 주체적으로 강요 없이]라는 뜻입니다. 인류 역사는 자유 의지를 찾아서 투쟁하고 모험하는 과정이지요. 신이 제공한 낙원에서의 복종, 선과 악을 알지 못하는 이성의 부재를 거부하는 과정이 [낙원에서의 인간의 선택]이었습니다. 복종 대신 자유를 원하고, 자기 스스로 의지의 주체가 되어, 자신이 직접 결정하고 판단하고 책임지는 것입니다. [**정의는 자유 의지를 억압하는 모든 것에 저항하는 것**]이지요. 정신이 성숙해지고 인격을 갖추었다는 것은 타인의 자유 의지, 그의 자유로운 판단과 생각을 인정한다는 뜻입니다. 그것이 바로 나의 자유 의지를 인정받는 방법이기도 하지요. 만일 인간의 자유 의지를 지키는 것이 정의가 확실히 맞는다면 그것을 위해서 망설임 없이 목숨을 걸고 지켜야 할 것입니다. (헤겔, 130)

헤겔 선생, 인간은 이성과 자유 의지를 꽤 자랑스럽게 생각하나 봅니다. 하지만 그 자랑스러운 이성의 결과물은 초라하지요. 오랫동안 정의의 역사가 흐르면서 지상은 선(善)으로 가득해야 했지만, 인간 역사 이래 선과 악의 균형이 깨진 적은 없습니다. 정의의 악령은 더 큰 희생을 막고 더 편안한 미래를 위해, 누군가 약자들의 희생을 감수해야 할 때마다 비밀스럽게 나타납니다. 그리고 일어나지도 않을 일을 핑계로 악을 정당화하기도 하지요. 이제 인간들은 반복되는 악의 정당화로 선과 악을 구분할 능력조차 상실한 것 같습니다. 악이 선으로 위장되고 선이 악으로 호도되어, 정의는 선악과 관계없는 것이 되어버렸군요. 누군가 선악을 다시 결정하기까지 인간은 정의를 기다려야 하는 형편이지요. 뭐 인간이란 족속이 별수 있겠습니까?

지상의 사람들은 타인의 허물을 들춰내느라 자신의 허물을 볼 수 있는 시간이 없지요. 어떻게든지 자신이 맞고(正) 타인은 틀린다(誤)는 것을 증명하느라고 일생을 다 소비합니다. 자신도 타인에게는 또 다른 타인이라서 세상은 틀린 것으로 가득 차게 되지요. 세상을 올바른 것으로 가득 차게 하려면 세상 모든 자신이 스스로 맞도록(正) 자신을 바꾸어야 합니다. **"마음으로 큰일을 생각하더라도 행하지 않으면 하찮은 것이니, 날이 저물도록 입으로만 공(空)을 말하지 말라."** 보통, 사람들이 스스로를 왕이라고 해도 끝내 왕일 수는 없듯이, 행하지 않으면 정의를 결정할 자격을 갖춘 왕이 될 수 없습니다. 자신의 삶을 스스로 올바름으로 가득 채운다면 그것으로 충분하지요. 거기서는 선악도 정오(正誤)도 정의도 필요 없습니다. (혜능, 131)

다수를 속이는 것은 그중 하나만을 속이기보다 더 쉽습니다. 대중은 깊은 생각 없이 다른 사람들의 생각을 따라 해버리는 어리석음에 빠지기 쉽기 때문이지요. 법은 다수를 통제하는 수단이고 정의는 개인을 통제하는 수단입니다. 다수를 다스리려면 법이 필요하고 개인을 다스리려면 내밀한 정의가 필요하지요. **어떤 지도자, 압제자, 리바이어던 (Leviathan, 괴물)도 민중은 다스릴 수 있어도 개인은 다스릴 수 없습니다.** 보통, 정의는 너무도 비밀스럽게 어디에나 숨어있어서, 아무리 정의가 무너져 내려도 조용히 사유(思惟)하는 누군가는 다시 정의를 발견하고 부활시키지요. 지상 세계는 국가나 다수에 의해 지배된다고 생각하지만, 세상은 철저히 개인이 지배하는 것입니다. (홉스, 132)

홉스 선생, 다수를 통제하는 수단인 법이 개인의 정의에는 그 **영향**을 미치지 못한다는 말이군요. 하지만 법은 생활을 규제하여 무의식 속에서 정의에 영향을 미치게 되어 있지요. 그런데 어리석은 인간들의 법은 정의에 위배되는 경우가 많습니다. 정의를 기초로 하는 것이 아니라 개인 또는 집단의 이익을 기초로 구성되기 때문이지요. 이는 정의에 위배되는 일이지만, 이에 반발하면 정의에 앞서 법에 굴복당합니다. 선한 인간들은 법으로부터 보호받기보다는 도망쳐야 하는 형편이지요. 인간이란 족속은 누구도 타인을 위해 자기 것을 쉽게 내어주지 않습니다. 법을 자기편에 서도록 하기 위해서는 투쟁하고 또 투쟁해야 합니다.

마몬 선생이 우리 지상의 사람들에게 인간들 법에 대하여 경고하는군요. 악마 선생들은 가끔은 맘에 드는 말도 해서, 나는 별로 악마를 싫어하지 않지요. 지상 세계에서는 방심하면 아무리 풍부한 정신의 사람이라도, 그 축적한 재보가 들어있는 곳간의 열쇠를 잃어버립니다. 그러면 그는 다만 살기 위하여 걸식하며 돌아다녀야 하는 극빈자를 닮고 말지요. 정의는 방심하지 않는 자만 지킬 수 있습니다. 그리고 방심은 피로에 기인하는 경우가 많지요. 우리가 갖는 무관심이나 냉담한 태도도 우리의 냉혹함이나 성격적 결함으로 해석될 수도 있지만, 실은 정신의 단순한 피로에 지나지 않을 경우가 많습니다. **정신이 피곤해 있을 때 우리에게 타인은 '우리 자신이 우리에게 그런 것처럼' 아무래도 좋거나 또는 귀찮은 존재인 것입니다.** 비슷하게, 정신이 피로한 사람은 선악에도 무관심이나 냉담하게 되고, 따라서 정의를 지킬 수 없습니다. 정의는 충분히 휴식하여 건강을 찾은 자가 실수 없이 지키는 것이지요. 때때로 세상에 등을 돌리고, 오후 햇빛을 맞으며 산책해야 하는 이유입니다. 피로하지 않으려면, 세상일에 너무 욕심내지 않는 것이 좋습니다. (니체, 133)

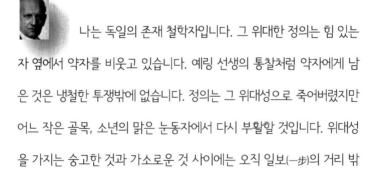

인간이란 이익을 위해 사는 것 같지만, 어떤 면에서는 합계 표에서 마이너스가 되는 행동을 하기도 합니다. 정해진 대로 따라가기가 싫어서, 그런 줄 알면서도 오기로라도 힘든 여정을 택하는 것입니다.

> 자기 이익에 반(反)하더라도
> 참을 수 없이 하고 싶으니, 뭐 어쩌하겠습니까?
> 인간이란 원래 그렇게 생겨 먹었으니까.
> 이는 자기 자신의 허무맹랑한 의욕, 독자적인 공상, 변덕과 충동입니다.
> 그런데! 어쩌면 이것이야말로 바로 가장 유익한 이익일지도 모릅니다.

어떤 분류에도 없는 것이며, 도대체 해석할 수 있는 방법도 없습니다. 그리고 원래 항상 그렇지만, 보물은 정해진 길을 가지 않은 자에 의해 눈에 띄는 법입니다. 이처럼, 손해 보더라도 각자 자기 길을 바르게 가면, 정의가 손짓하는 생각하지도 않은 세상이 기다리고 있을지도 모릅니다. (도스토예프스키, 134)

나는 독일의 존재 철학자입니다. 그 위대한 정의는 힘 있는 자 옆에서 약자를 비웃고 있습니다. 예링 선생의 통찰처럼 약자에게 남은 것은 냉철한 투쟁밖에 없습니다. 정의는 그 위대성으로 죽어버렸지만 어느 작은 골목, 소년의 맑은 눈동자에서 다시 부활할 것입니다. 위대성을 가지는 숭고한 것과 가소로운 것 사이에는 오직 일보(一步)의 거리 밖에 없지요. 숭고한 것은 너무 많은 것을 요구하여 [전락]합니다. 그러나 자연 속에는 절대 전락하지 않는 숭고가 있지요. 그것은 인간처럼 숭고하기를 바라지 않으면서, 그 속에 참으로 작고 소박한 숭고함으로 가득하기 때문입니다. 희극의 본질은 이런 [전락]을 포함하지요. [전락]은 중대하고 존엄한 것이 갑자기 허무하고 저속한 것으로 추락하는 것입니다. 가령, 디오게네스가 알렉산더 대왕에게 [태양 옆으로 비키시오]라고 말했을 때, 전락한 숭고는 다름 아닌 [대왕]의 숭고입니다. 이제 정의 또한 불편하고 무거운 장식으로 가득한 뻣뻣한 옷을 벗어 던져야 합니다. 편하고 평범한 곳에 진리가 깃듭니다. 우리는 정의의 [전락]을 기대합니다. 정의가 전락하면 보잘것없고 초라한 개개인도 드디어 그것에 다가가는 것이지요. (하르트만, 135)

악마, 메피스토펠레스는 "천상의 불빛, 인간들은 그것을 [이성]이라 부르며 오로지 다른 짐승들보다 더욱 짐승답게 사는 데만 이용하고 있는 형편입니다."라고 말했습니다. 신은 물었지요. "도대체 지상에는 자네 마음에 드는 것이라곤 하나도 없단 말인가?" 메피스토펠레스는 다시 말했습니다. "없고말고요. 그곳은 예나 지금이나 정말로 참지 못할 곳입니다. 인간들의 비참한 모습을 보고 있노라면 하도 딱해서 나

같은 악마도 그 불쌍한 녀석들을 괴롭힐 생각이 없어질 정도입니다." 그리고 지상에서 파우스트의 조수, 바그너는 물었습니다. "인간들이 짐승처럼 사는 이 세계에서 정의를 깨우는 자는 누구입니까?" 파우스트는 이렇게 답했습니다. "주워 모은 조각들을 아교 따위로 붙인다든지, 남의 집 잔칫상 찌꺼기나 모아 잡탕이나 끓인다든지, 타다 남은 잿더미를 긁어모아서 보잘것없는 불씨를 불어 일으켜 본다든지 해보거나. 기껏 어린 아이들과 원숭이들을 탄복시킬 수는 있겠지. 혹시 약간의 진실을 안다고 해도 그것을 알게 되었던 소수의 사람이 어리석게도 그것을 가슴속에 숨겨두지 못하고 그 느낌과 아는 바를 우중(愚衆)에 밝혔기 때문에, 옛날부터 폭군에게 십자가에 못 박히거나 화형을 당하는 일이 많았다네. 그도 실격이지. **그렇지만 말일세, 정말로 진실을 알게 되어 정의를 깨우려는 자는 화형을 당할 각오로 자유 정신을 향한 영혼의 외침을 두려움 없이 수행해야 하지. 결코, 잃어버릴 리가 없는 것을 잃을까 걱정하지 말고.** 한 사람의 외침이 잠자는 세상 모두를 깨울 수도 있으니까." (괴테, 136)

괴테 선생, 메피스토펠레스 선생 말대로 인간들의 생활은 참으로 비참해서 나도 별로 괴롭힐 생각이 없습니다. 인간의 역사는 너무 많은 인간의 학살과 학대를 동반했습니다. 악마보다 더 잔혹하다고 나 할까? 악마인 내가 봐도, 인간이 아무리 합리적으로 정의를 변명해도 위선일 뿐이지요. 정의의 탈을 쓰고 저지른 인간의 악행은 도저히 정당화되지 않습니다. 같은 종족을 수없이 학살한 독재자들이 정의를 주장해 왔으니까요. 정의를 위한 변명은 오히려 정의를 난처하게 할 겁니다. 지금 인간은 정의의 편이 되기보다는 정의의 적대자 편에서, 악취 나는 정의를 죽음의 깊은 나락으로 몰아가야 합니다. 불한당도 용서받으려면 한참이 걸리지요. 이 더러운 정의에 극형을 내릴 수 있는 자야말로 정의를 다시 깨울 수 있지요. 그래서 나, 분노의 악마, 사탄은 어떻게든 사람들을 분노하도록 유혹하려고 노력합니다.

사탄 선생, 마치 선생이 인간을 구제할 수 있는 것처럼 말하는군요. 분노는 필요하지만 준비되지 않은 분노는 압제자나 악한들을 더욱 강하게 만들 뿐입니다. 그래서 나는 정의를 회복하기 위해 꽤 신중하게 관찰하고 준비했었지요. 그때, 나의 생활은 제법 변했었지만 결국 중요한 부분은 조금도 변하지 않았지요. 지금 그때를 돌이켜서 생각해 보면 나는 아직 개(犬)라는 족속의 일원으로서 그대로 생활했고, 개라는 족속의 관심사를 그대로 나의 관심사로 삼는, 많은 개들 속에 [한 세밀한 개]였을 뿐이었습니다. 개로서 사는 한, 나는 무너진 정의 회복을 위

해 아무것도 할 수 없었지요. (카프카, 137)

우리가 정의롭지 않으면 그 희생자들의 슬픔은 어디서나
계속됩니다. 어느 시에서 말한 것처럼, 슬픔은 언제나 다가옵니다.

이 사악한 계절에, 그 누가 마음을 지킬 수 있는가.

슬픔의 나무에선 하염없이 꽃잎이 진다.

별 없는 하늘, 사랑이 없는 가슴

회색의 원경은 적막에 잠기고, 텅 빈 세상이 늙어 시든다.

내 길 위에 내리는 눈처럼, 소복이 떨어져 쌓이는 꽃잎들

발자국 소리도 아니 나고, 긴 침묵이 다가온다.

어제도 그렇게 불타던 것들이 오늘은 어느새 죽음으로 물드나니

슬픔의 나무에선 꽃잎이 흩날린다.

우리는 조용히 파괴되고 또 절망하여도, 이제 몸을 일으켜 다시 봄을 깨
웁니다. (헤세, 138)

정원의 나무는 다시 따뜻한 노란색으로 변해갈 겁니다. 가
을 색은 봄기운을 선물할 것이고, 추운 겨울은 숨어있던 따뜻함을 부끄
러운 듯 선사할 겁니다. 슬픔이 비와 안개로 세상을 적시고 나면, 슬펐던
그들은 천진한 모습으로 파란 하늘에서 웃을 겁니다.

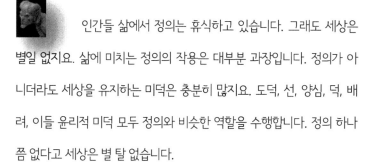

인간들 삶에서 정의는 휴식하고 있습니다. 그래도 세상은 별일 없지요. 삶에 미치는 정의의 작용은 대부분 과장입니다. 정의가 아니더라도 세상을 유지하는 미덕은 충분히 많지요. 도덕, 선, 양심, 덕, 배려, 이들 윤리적 미덕 모두 정의와 비슷한 역할을 수행합니다. 정의 하나쯤 없다고 세상은 별 탈 없습니다.

벨페고르 선생, 그렇지만 정의를 계속 포기할 수는 없습니다. 수동적 윤리 미덕에 의지해서는 오랫동안 약자가 억압적 강자를 대항하기에 역부족이기 때문이지요. 우리는 소수 약자를 위한 정의를 인지하고 압제적 강자의 부조리를 파괴할 수 있는 자를 기다려 왔습니다. 그는 바로 삶을 지배하는 [우상을 파괴할 수 있는 재]입니다. 우리의 우상은 눈에 보이는 것보다 더 많은 질서가 있다고 생각하는 **보편타당**에의 **집착**, 한 번 자신이 옳다고 생각하면 **다른 생각은 배척하는 아집**, 자연을 있는 그대로 관찰하는 것을 방해하는 **배후 목적인(目的因)에 대한 추종**, 미련함·무력함·우둔함·교활함·평판에 대한 두려움과 같은 **인간 지성의 한계**, 이것이 인간이란 [종족의 우상]이지요. 이렇게 자신의 개인 자아 속에 들어앉아 스스로를 마음대로 하지 못하게 하는 우상을 깨우지 못하는 자는, 잠자는 정의도 절대 깨우지 못할 것입니다. (베이컨, 139)

나는 정의의 여신, 디케입니다. 악마, 루시퍼 선생이 정의는 신의 일이지 인간의 일이 아니라고 하는데, 나는 다시 확실히 말합니다. 정의는 신도, 악마도 아닌 오직 인간에게만 허락한 일입니다. 정의는 그렇게 하지 않을 수 있음에도 그렇게 하는 자유 의지적 진리입니다. 신은 모든 것을 다 알기 때문에 단지 그들의 일을 하는 것일 뿐, 그것이 정의로운 것은 아닙니다. 천상의 신들은 인간이 악을 선택할 수 있음에도, 선을 선택할 때의 벅찬 감동을 즐깁니다. 모두들 알겠지만, 내가 칼과 천칭을 들고, 눈을 가린 것은 정의의 엄정성, 형평성 그리고 중립성을 말합니다. 여기서 잘 알려지지 않은 숨겨진 비밀 하나를 이야기하면, 본래 처음에 신들이 정의의 신을 만들었을 때, 칼은 노예나 민중들의 규율을 잡기 위한 것이었고, 천칭은 그것이 권력자나 재력가에게 도움이 되는지 보려는 것이었으며, 눈을 가린 것은 노예와 민중들의 비참한 모습을 보지 않으려는 것이었습니다. 지상의 위대한 인류 정신이 이것을 그들 생각대로 바꾸었던 것이지요. 조금만 방심하면 곧 정의는 원래 의도대로 되돌아갈 것이니 주의해야 합니다. 나는 앞으로도 정의에 대하여는 인류 정신에 모든 것을 맡길 것이며, 오늘처럼 악마가 나를 불러내는 등 어떤 경우에도 직접 정의에 대한 대안(代案)을 내거나 하지 않을 것입니다. 정의는 철저히 인간과 악마의 싸움에서 결정될 것이기 때문입니다.

인류 지성은 지상의 사람들에게 "타인 자유의 숭고함 헤겔, 올바름을 위한 자기 정진 혜능, 정신의 피로를 푸는 오후의 휴식 니체, 위대하고 뻣뻣한 정의의 전락 하르트만, 억압에 대한 영혼의 분노 괴테, 개라는 족속으로부터의 탈출 카프카, 정의에 희생된 자를 위한 슬픔과 분노 헤세, 인간 우상의 황혼 베이컨"에 대하여 그들의 오랜 인식(認識) 결과를 전하는군요. 정의(正義)의 여신, 디케 Dike의 생각도 존중합니다. 지혜의 신, 아테나는 사람들에게 이렇게 전합니다.

"정의는 원래 선이었는데

선을 위해 악을 행하다 악이 되어 버렸습니다."

"고양이 목에 방울을 달아야 하는데 도무지 용기 있는 자가 없습니다.

그런데 사실, 용기 있는 자, 몇으로 될 일도 아닙니다."

세상 모든 남을 정의롭게 하느니 세상 모든 '나'만 정의로워지면 됩니다.

❋ 자기기만을 자꾸 하면 어느 날 깨어났을 때 벌레가 되어 있을 것이다

나는 공자 선생의 손자, 노나라 유학자이지요. 삶은 남에게 보여주기 위한 연극이 아닙니다. 세상 사람 각자, [나]라고 할 수 있는 것은 오직 삶에의 의지뿐입니다. 이런 의지가 충돌하는 세상에서 중도의 지혜로 남 그리고 내가 사이좋게 같이 살려는 의지가 중용의 도이며 덕입니다. 진정으로 강한 자는 마음은 굳건하지만, 세상일에는 온화하지요. **사람이 하는 일은 항상 거짓을 만듭니다.(人爲僞) 이를 막기 위해, 말을 꾸준히 이루어가는 성실함(誠)을 중용의 근원으로 합니다.** 성(誠)은 자신을 속이지 않고 꾸준히 나아감을 말합니다. 국가의 불명(不明)은 젊은이들을 망칩니다. 그리고 성(誠)에 명(明)을 더하기 위해서는 교(敎)가 필요합니다. 군자는 배우지 아니함이 있을지언정 배운다면 능하지 않고서는 그만두지 않지요. 성(誠)을 다하면 신(神)과 다를 바 없습니다.(至誠如神) 무릇, 온화·양순·공손·겸양을 도덕이라 하지만, 이는 제왕을 위한 덕이지요. 백성을 위해 도덕을 성(誠)으로써 과감히 행하지 아니하면, 어리석은 군자가 될 것입니다. (자사, 140)

자사 선생, 멍청한 인간들의 배려, 예의, 정직, 이런 도덕적인 것들로 삶이 편안할 것으로 생각하나요? 1,000년, 2,000년이 지나도 지상 인간들이 변한 것이 있습니까? 도덕은 자기 평온을 지키기 위해 [타인으로부터 받고 싶은 것에 대한 소망]을 그냥 얘기한 것일 뿐이지요. 오히려 도덕은 인간들의 행동을 제한하고, 모두를 겁쟁이로 만들었습니다. 도덕이 실제 도움이 되기 위해서는 세상 인간 족속 모두가 도덕적이어야 하는데 이는 절대 불가한 일이지요. 착해서 타인에게 너무 쓸모가 있으면 어리석음과 별 차이가 없습니다. 특히 악한 인간에게 쓸모가 있는 경우, 선한 인간은 자기도 모르게 악당이 되어버리기도 합니다. 하기는 인간은 어차피 과연 누가 악당인지 잘 알지 못하니 상관은 없겠지만.

음, 벨페고르 선생이 조금 흥분했군요. 사실, 우리 중에서 실제 정말로 거짓말을 할 수 있는 자는 거의 없습니다. 진실을 모르기 때문이지요. 자기 자신이 속고 있다는 사실을 깨닫지 못하고 그 잘못을 남에게 전달할 때 사람들은 거짓말을 하고 있는 것은 아닙니다. 그러나 이렇게 된 자의 선함은 [자기기만]이었을지도 모릅니다. **선한 자가 악한 자의 꼭두각시가 되는 것은 '그렇게 순응해서는 안 됨을 본능적으로 직관'함에도 불구하고, 권력에의 순응이 '자기 이익에 부합될 것'이라는 음흉한 기대로 자기를 기만해 버리는 것이지요.** 많은 경우, 도덕적인 자가 어리석어지는 것은 자기기만에 기인합니다. 이렇게 [자기기만]은 진실의 은폐가 바로 나 자신에 대하여 행해진다는 것입니다. 따라서 여기서는 속이는 자와 속는 자의 구분이 없어지지요. 이것을 정신분석에서는 [속이는 사람이 없는 거짓]이라는 관념으로 설명합니다. 그것은 [내가 나를 속이지 않고, 내가 속을 수 있는 것이 어떻게 가능한지]를 설명해 줍니다. 왜냐하면, 그것은 자신을 나와 마주하는 타인의 위치에 놓기 때문이지요. 이렇게 어찌하다 보면, 자기가 선한 자인지 악한 자인지 자기도 모르게 됩니다. (사르트르, 141)

어느 날 아침, 그레고르가 불안한 잠에서 깨어났을 때, 그는 자기가 침대 속에서 커다란 벌레로 변해있는 것을 발견했습니다. "무슨 일일까?"하고 그는 생각했지요. 꿈은 아니었습니다. 애써 다시 생각했습니다. "일곱 시 오 분이 되기 전에는 어떤 일이 있어도 침대에서 완전히 나와야 해." 그를 보더니, 누이는 말했습니다. "없어져야 해요. 어떻게 저것이 그레고르 오빠일 수 있나요?" 우리 모두 하루아침에 벌레가 될 수 있습니다. 아니, 당신은 이미 어리석은 세상 속, 흉측한 벌레는 아닌가요? 이는 사르트르 선생 말처럼, 우리가 도덕적인가 어리석은가에 대한 혼돈 속에 있는 것과 매우 유사한 양태(樣態)를 보여 줍니다. (카프카, 142)

사람들은 도덕으로 선한 세상을 꿈꾸었습니다. 그러나 아무리 찾아도 큰 바위 얼굴처럼 선한 사람은 쉽게 눈에 잘 띄지 않습니다. 도덕은 의도적으로 사람을 조금 어리석게 만듭니다. 청년들은 진리를 탐구할 시간에 착하게 되는 법을 먼저 공부하지요. 선하지만 진리를 알지 못하면 그것이 다름 아닌 어리석음입니다. 지상의 교육은 진리가 아닌 도덕적 삶을 강요했으며, 진한 향수 냄새 가득한 형식주의로 빠뜨렸습니다. 남을 억지로 그럴듯하고 바르게 보이도록 하려는 교육자는 도리어 세상의 덕을 가리려는 자입니다. 덕이란 사물의 본 모습을 가리는 것이 아니지요. 덕으로 사물을 가리려 하면 그 물(物)은 반드시 그 본성을 잃게 됩니다. 세상 만물 모든 것들을 가장하지 않고 가능한 한 본래 그것이게 하는 것, 그것이 모두 어리석어지지 않는 방법이지요. (장자, 143)

우리는 서로 다른 장점에 대하여는 서로 다른 경의를 표합니다. 아름다운 자에는 사랑의 경의를, 힘에는 두려움의 경의를. 이는 틀리지 않지요. 그러나 "나는 힘이 세다. 그러니 나를 사랑해야 한다. 나는 아름답다. 그러니 나를 무서워해야 한다."라고 말하는 것은 옳지 않습니다. 그리고 "그는 강하지 못하다. 그러니 나는 그를 존경하지 않겠다. 그는 아름답지 않다. 그러니 나는 그를 무서워하지 않겠다."라고 말하는 것도 옳지 않지요. 무언가 도덕적 절름발이 같기 때문입니다. 실제 절름발이는 우리에게 아무렇지도 않지만, 절름발이 정신은 우리를 불쾌하게 하는 이유는 무엇일까요? 육체적인 절름발이는 바르게 걸어가지 못함을 인정하고 자신의 아름답지 못한 자가 힘을 키우는 것처럼 다른 강점을 찾으려 노력하지만, 정신적인 절름발이는 마치 자기가 바르게 걷고 타인이 절뚝거리며 걷고 있는 것처럼 말하고 다니기 때문입니다. 어리석은 자가 도덕적인 체 하면서 순진한 모습, 거들먹거리는 모습을 보이는 것은 이런 정신적 절름 발이와 별로 다를 바 없습니다. (파스칼, 144)

역시 인간은 악마를 실망시키지 않습니다. 어느새 인간의 탐욕은 도덕도 이용하기 시작했지요. 권력과 재력을 가진 인간들은 교묘 하게 지켜야 할 덕목을 늘려 약한 인간들 지배에 사용해 왔습니다. 그들 은 그것들을 지키려면 일생 눈치만 보고, 고생만 할 것입니다. 인간들이 지켜야 할 것들은 '다수를 위해서'라는 명분이 대부분이지만, 자세히 들 여다보면 꼭 그런 것만도 아닙니다. 공손·겸양·배려·예의·온화·양순. 이런 것들을 강한 인간과 약한 인간이 똑같이 생각할지는 의심스럽지요.

나는 로마의 정치철학자입니다. 도덕은 정해진 규범을 지켜 나가는 것입니다. 그러나 쓸데없는 예절이라는 명목으로, 우리는 지켜야 할 도덕 항목이 너무 많습니다. 어쩌면 자신만의 도덕 두셋 정도면 충분합 니다. 자신만의 독창적 규범, 자신에 맞는 개별 도덕이 필요할 뿐, 공맹(孔 孟)의 도덕은 필요 없습니다. 개별 도덕을 위해, 우리 젊은 시절 대부분의 시간이 필요할지도 모르지요. 며칠 독서만으로 만들어낸 것이라면 그런 것은 필요 없습니다. 지상의 사람들은 더 잘 살기 위해 할 일이 너무 많아

정말로 필요한 자신의 개별 도덕을 만들 시간이 없습니다. 우리는 너무 많이 알아도 어리석어집니다. 그야말로 냄새나는 멍청한 지식이지요. 가령, 로마 농부의 속담처럼 어쩌면 이런 것 하나면 충분할지도 모릅니다. [어둠 속에서 손가락 수 맞추는 놀이를 할 만한 사람이 되라.] (키케로, 145)

 나는 고려 시대 승려입니다. 한순간, 진리를 발견할 수는 있어도, 그곳에 가려면 한참을 걸어야 합니다. 돈오점수(頓悟漸修), 선·교의 배타성이 교리상으로 있을 수 없습니다. [돈오]는 중생의 본성이 부처와 조금도 다름이 없음을 문득 깨치는 것이고, [점수]는 그렇게 깨쳤다 하더라도 번뇌는 쉽게 없어지지 않으므로, 「선정」과 「지혜」를 꾸준히 닦는 것입니다. 마음에 산란함이 없는 것이 선정(禪定)이요, 마음이 어리석지 않음이 지혜(智慧)이지요. 고요함으로 반연(攀緣)하는 생각을 다스리고, 깨어있는 정신으로 어리석음을 다스립니다. 지옥 불 속 아귀도 선악이 무엇인지는 잘 알지요. 도덕이 무엇인지 아무리 깨달아도, 어리석음의 쇠 그물을 쉽게 벗어날 수는 없습니다. 우리 생각은 부처처럼 도덕적이지만, 우리 몸은 여우처럼 부도덕한 이유입니다. (지눌, 146)

지눌 스님, 인간이 얼마나 명석한 족속인지 잘 모르시는군요.

그렇게 평생 공부만 할 만큼 지상의 삶이 한가하지 않습니다. 악마의 말이지만 내 말을 수긍하는 인간들도 많을 겁니다. 인간들은 한 번 들으면 다 깨달으니 무엇을 더 하라는지, 나는 스님의 생각에 웃음이 나옵니다.

벨페고르 선생, 뛰어난 상류의 선비는 도(道)를 들으면 깨달아 투철히 행하며, 중류의 선비는 반신반의하여 있는 듯 없는 듯하고, 하류의 선비는 크게 웃으며 전적으로 무시합니다. 하기는 하류의 선비가 웃지 않으면, 도(道)라 할 수 없겠지요. (노자, 111)

누군가는 어느 날 오후, 갑자기 도덕적 인간이 될 수 있을 것으로 생각할지 모릅니다. 위대한 보물 같은 인간 지성의 저술은 우리를 도덕군자로 이끌 수 있을지도 모르지요. 그러나 우리는 그 보물들에 눈을 돌릴 틈이 별로 없습니다. 더 흥미를 끄는 것들, 더 중요해 보이는 것들로 안이비설신(眼耳鼻舌身, 눈귀코입몸)이 가득하기 때문이지요. 실제로 도덕을 행하려면 그 방법까지 알아야 합니다. 공자 선생도 그 방법까지 가르쳐 주지는 않았습니다. 시대와 사람, 상황마다 다르기 때문이지요. 어린아이가 걸음마를 배우듯이 하나하나 삶에서 알아갈 수밖에 없습니다. 이것이 젊음이 아름답긴 하지만 도덕적 향기까지 갖기 어려운 이유이지요. 도덕적 성숙은 갑자기 찾아오는 것이 아니라, 하루하루 행하는 것들이 모여 삶과 얼굴과 몸짓에 나타나는 것입니다. 이를 잘 모르면 풋내기 오만함에 빠질 수 있지요. 도덕에 있어 우리는 선천적으로 어리석으며, 조금씩 조금씩 현명해질 수 있을 뿐입니다. 자기 삶이 현명해진다는 것은 공동체가 부여하는 일상적인 삶에서 벗어나, 자기 자신만의 고유한 개별적 삶 즉 실존적 삶을 사는 것입니다. 그곳에서는 한 인간과 다른 존재자 사이의 차이가 [이성이 아니라 실존, 존재함의 방식]에 있습니다. 그곳 세계에서의 도덕은 삶의 퇴락에 대한 저항입니다. 여기서 퇴락은 자신의 개별 삶이 의미를 갖지 못하여 '그들' 속에 묻혀 버리는 것을 말합니다. (하이데거, 147)

뭐라 해도 사람들이 지향하는 목적은 쾌락과 즐거움입니다. 그런데 이것이 최고의 즐거움, 극도의 만족이라면, 그것은 어떠한 것보다 도덕의 도움을 받아서입니다. 그렇지 않다면 사람들은 처음부터 우리 의견을 배척할 것입니다. 왜냐하면, 그 누가 고통과 불안을 목표로 하는 자의 말을 듣겠습니까? 이 쾌락은 유쾌하고, 줄기차고, 굳세고, 씩씩하면 할수록 더욱 향락적이지요. 그러나 이렇게 [도덕을 찾는 일이 까다롭고 힘들지만, 그것을 누리는 일은 유쾌한 일]이라고 가르쳐주는 자들은 [도덕은 언제나 불쾌한 것이다]라고 말하는 것과 조금도 다를 바 없습니다. 왜냐하면 도대체 우리는 어떠한 [인간적인 방법]으로, 이 유쾌한 도덕에 도달할 수 있겠습니까? 가장 완전한 사람조차도 그곳에 다다르지 못했으며, 오직 그곳을 갈망하고 거기에 겨우 접근하는 것만으로 만족했을 뿐이지요. 이렇게 우리는 항상 도덕적이 되려다가 그것이 불가능하다는 것을 발견하고 불쾌감을 느낍니다. 향락으로 즐거움을 추구하는 삶은 진리의 엄격함에 대한 적당한 타협으로 어리석음의 대열에 합류하지 않을 수 없게 됩니다. 쾌락과 향락으로 즐겁게 사는 것이 삶의 목표라고 이야기하지 않는 것이 좋습니다. 원래 그곳은 그렇게는 도달할 수 없는 곳이며, 부자유와 불평등한 세상을 방조하는 공범자를 자처하는 일이기 때문이지요. (몽테뉴, 148)

우리 주변에 도덕적 인간은 잘 보이지 않고, 한편 뛰어나 보이는 자들은 도덕과 거리가 멉니다. 어느새 도덕적 인간이 아닌, 머리 좋은 자가 우리 집단을 지배하고 있지요. **우리에게 필요한 것은 도덕이 아니라 도덕적 인간입니다.** 보통, 도덕적 인간은 지도자가 되지 못하고 평범하도록 길들여집니다. 지능이 뛰어나고 일찍 성공한 자는 도덕을 배울 필요도 시간도 부족했던 도덕적 풋내기인 경우가 많습니다. 이를 경계하고 조심해야 하지요. 도덕적 인간이 지도자가 되도록 하기 위해서는 많은 것이 파괴되고 재편되어야 할 것입니다. 물론, 모든 것을 갖춘 자는 없지요. 그래도 지능과 기억력으로 평가되지 않는 세상을 기다립니다. 그리고 도덕적 인간이 순하거나 어리석지 않고 서릿발처럼 두려운 존재가 되는 세상을 기다립니다. 나는 '에밀'에서 교육 구조의 투철한 재편을 권유했습니다. 소년들의 교육은 심각한 오류에 빠져있습니다. **어른들은 항상 가르치려고 안달이기 때문에, 아이들 스스로 배워도 충분한 것까지도 알려 주려고 하지요.** 가령 너무 어린아이에게 외국어를 가르치는 것처럼 쓸데없는 일은 없지요. 나는 알지도 못하는 미래 훗날의 행복 때문에 현재를 희생하고 옭아매어, 어린 시절을 부자유스럽고 우울하게 하는 터무니 없는 교육을 한다는 것을 용납할 수 없습니다. 설사 유익할지 모른다고 해서 마치 죄수처럼 힘들게 노역하듯 공부하는 아이들을 생각하면, 어찌 분노하지 않을 수 있겠습니까? 모든 진리 가운데서 최고의 진리는 자유입니다. 영혼으로부터 자유로운 자는 의도적으로 자기가 잘할 수 있는 것만을 구체적으로 원하고 또 그렇게 사는 자입니다. 그런데 소년들은 터무니없게도 모두 같은 것을 목적합니다. 그러니 대부분이 약자일 수밖에 없지요. 자본주의 사회는 소년들을 내버려 두지 않습니다. 우리 교육은 소년들을 아주 소극적으로 만들어 버리고 그들의 능력을 힘없고 보잘것없는 것으로 매도해 버렸습니다. **이렇게 유약해진 인간은 자본주의가 알려준 바람직한 삶의 목표를 바라보면서 은밀한 욕망을 키우고 몸부림치며 또 좌절할 것입니다.** (루소, 149)

인류 정신은 지상의 사람들에게 위험한 자기 기만적 도덕을 벗어나기 위해 "중용적 성실함 자사, 자신 속 숨은 벌레의 발견 카프카, 정신적 절름발이로부터의 탈출 파스칼, 신(神) 앞의 정직함 키케로, 삶의 퇴락에 대한 저항 하이데거, 향락적 즐거움에서 벗어남 몽테뉴"에 대하여 그들의 통찰을 제언(提言)하는군요. 지혜의 신 아테나는 지상에 이렇게 전합니다.

"착하고 고분고분한 자는

악한(惡漢)에게 여러모로 중요하고 쓸모가 있습니다."

"멋진 갑옷만으로는 싸움에 이길 수 없으니 칼과 창도 있어야 합니다.

우리는 도덕으로 막고 정의로 공격합니다."

"하루 만에 깨달은 자는 딱 하루만 뛰어납니다.

오래된 지성이 겉보기에도 다른 이유입니다."

▣ 자기기만을 자꾸 하면 어느 날 깨어났을 때 벌레가 되어 있을 것입니다.

해가 지는 가을 정원은 모든 것을 수용한다. 그 인정과 허용 속에서 주황색 태양도, 보라색 노을도, 투명한 바람도, 검은색 어둠도, 회색 추위도, 사물들의 경계도 서로 스며들어 허물어진다.

❧ 도덕은 깨어있는 정신의 공존적 행복에의 의지이다

모든 귀족 도덕이 자기 자신에 대한 의기양양한 긍정에서 발견되는 반면, 노예 도덕은 처음부터 외부적인 것, 다른 것, 자기 자신이 아닌 것의 부정에서 시작합니다. 노예 도덕이 성립하기 위해서는, 항시 우선적으로 하나의 적대적인 외부 세계를 필요로 하지요. 레오파르디 Leopardi는 이렇게 말했습니다. "그대의 감동에 합당한 것은 아무것도 살고 있지 않다. 세계는 전혀 신음하기에 합당치 않은 것! 우리 존재는 고통과 권태! 세계는 오물! 그것밖에 없다. 그대여! 마음을 진정시켜라." **좋은 것과 '보다 좋은 것' 사이를 이리저리 비틀거리는 근대인 인식의 무력함!** 이 모두가 근대인의 혼 속에서 불안과 착란을 빚어내며, 이 상태가 [영혼에 결실을 맺지 못하게 하는 형벌]을 과합니다. 지금처럼 도덕 교사를 필요로 하고, 또 지금처럼 그들을 발견하기 어려웠던 때도 없지요. 전염병이 크게 유행하여 의사가 가장 필요로 하는 시대에 의사가 가장 많이 병에 걸려있는 것입니다. 과연 다른 사람을 받쳐주고 손을 끌어 인도할 수 있을 만큼, 스스로 확고하고 건강하게 자기의 발로 서 있는 근대적 인간성의 의사는 있습니까? 이 근대적 의사는 이렇게 말합니다. 위대한 사상가가 인간을 경멸한다면 이는 인간의 [나태]를 경멸하는 것입니다.

왜냐하면, 나태 때문에 인간은 대량으로 생산한 제품처럼 값싸고 어느 것이라도 상관없는 것으로 보이며, 교제할만한 것, 교훈을 줄 만한 것으로 보이지 않기 때문이지요. 값싼 대중에 속하고 싶지 않은 사람은 자신에 대하여 안이함을 멈추기만 하면 됩니다. 근대적 의사는 이렇게 말합니다. "그대 자신이 되라. 그대가 지금 행하고 생각하고 원하는 것 그것은 모두 그대가 아니다. 도덕은 [자신이 됨으로써] 비로소 그것을 가질 자격을 갖춘다. [나]라는 존재도 없는데 도덕이 무슨 소용인가?" 청년은 스스로 겸손해야 할 만큼 아직 늙지도 않았으며 현명하지도 않습니다. 청년은 무엇보다도 기성의 교양을 가장하거나 그것을 변호할 필요도 없습니다. 청년은 그 모든 위안과 특권을 향수하고, 특히 [용감하고 무분별한 정직이라는 특권]과 [희망이라는 감격적인 위안]을 향수하는 자(者)입니다. (니체, 150)

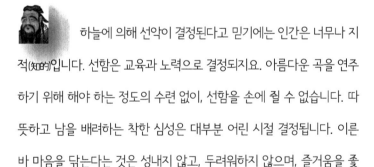

하늘에 의해 선악이 결정된다고 믿기에는 인간은 너무나 지적(知的)입니다. 선함은 교육과 노력으로 결정되지요. 아름다운 곡을 연주하기 위해 해야 하는 정도의 수련 없이, 선함을 손에 쥘 수 없습니다. 따뜻하고 남을 배려하는 착한 심성은 대부분 어린 시절 결정됩니다. 이른바 마음을 닦는다는 것은 성내지 않고, 두려워하지 않으며, 즐거움을 좇지 말고, 근심이 쌓이지 않도록 하는 것입니다. 무릇 사람은 친하게 여겨 사랑하는 것에 치우치며, 천하게 여겨 미워하는 것에 치우치며, 두렵고 공경하는 것에 치우치며, 슬퍼하고 불쌍히 여기는 것에 치우치며, 거만하고 게으른 것에 치우치기 쉬우니, [좋아하되 그 사람의 악한 것을 알며 싫어하되 그 사람의 선함을 아는 사람]이 되도록 부단 없이 단련해야 합니다. (공자, 151)

나는 프랑스 마르크스주의자입니다. 자본주의는 은밀한 세뇌를 통해 노력하면 부자가 될 수 있다는 환상을 선전하여, 자본에 헌신하도록 만듭니다. 그러므로 노동자 계급은 대중매체를 통한 자본가 계급의 [은밀한 세뇌를 극복 가능한 과학적 철학]을 필요로 합니다. 이와 비슷한 목적으로, 들뢰즈Deleuze는 현 자본주의와 [다른 질서의 소수자]를 절망적 현대 자본주의에 대한 투쟁과 재편을 위한 우리 민중의 대안으로 제시합니다. 우리는 누구에게 무엇을 배우는가에 따라 삶은 완전히 다른 풍경과 색으로 채색되지요. 갈수록 비밀스럽고 강력해지는 세뇌를 극복할 확고한 자기 철학을 갖지 않으면, 그리고 다수로써 냉철하게 연대하여 자본에 저항, 견제하지 않으면, 계급 없는 공존적 사회는 절대 오지 않을 것입니다. (알튀세르, 152)

철학도 오래 묵으면 쾌쾌한 냄새가 납니다. 계속 닦아주지 않으면 안 되지요. 1,000년 전 철학을 새롭게 해석하지 않고 그것으로 현재를 설명하고 이끌려는 것은 아주 어리석거나 나태한 것입니다. 옛 지성의 말을 외우는 자는 자신을 그럴듯하게 화장하는 것일 뿐이지요. 나이가 들수록 화장의 효과는 별로 없어집니다. **공평한 도덕의 창조는 그 시대 가장 투철한 자의 몫입니다.** "어릴 때부터 손, 발, 머리가 묶여, 앞에 있는 벽만 보며 동굴 속에서 살아온 죄수들이 있었습니다. 그들은 뒤쪽으로 지나가는 사물의 모습을 앞쪽 벽의 그림자와 소리만으로 판단했습니다." 오랜 시간 후 그들은 사물의 실제 모습과 완전히 다른 관념을 가지게 될 것입니다. 이와 같은 거짓 관념은 쉽게 수정되지 않는 법이지요. 그들 죄수 중 하나가 동굴 밖 밝은 세상을 보고 와서 아무리 진실된 세상 이야기를 해주어도 동굴 속 다른 죄수들은 그가 밖으로 나가더니 정신이 이상해졌다고 생각하고, 밝은 세상을 더욱 두려워하고 외면하게 될 것입니다. 이제 깨어나 [지하 동굴 속 세계 같은 왜곡된 쇠사슬을 끊는 것] 이것이 바로 진실한 이데아를 발견하기 위한 유일한 방법이고, 불공평한 우리 자본주의 문제와 과제를 민중의 마음속에 인식시키는 방법이며, 그리고 이로써 쾌쾌한 냄새가 나지 않는 공평한 도덕을 탄생하게 하는 최선의 방법입니다. (플라톤, 153)

옛날 한 사람이 성난 야수에 쫓겨 깊은 웅덩이 속으로 도망가 칡넝쿨에 매달려 있었습니다. 바닥은 독사로 가득하여 내려갈 수도 없고 올라갈 수도 없이 매달려있는데, 흰 쥐·검은 쥐가 넝쿨을 파먹고 있었습니다. 여기서 성난 야수는 시간이고 칡넝쿨은 생명입니다. 바닥의 독사는 죽음이며 쥐들은 낮과 밤입니다. 이렇듯 우리 삶은 어찌할 수 없고 또 덧없습니다. 우리는 이곳을 어떻게 벗어나겠습니까? 깊은 웅덩이 속에서는 그 모든 위험의 속박에 어찌할 수 없습니다. "어찌할 것인가요?" 꿈이라면 깨면 됩니다. 꿈이 아니라면 어찌하겠습니까? 점잖게 도덕적 인간으로 웅덩이 속에서 죽음을 기다릴 것인가요? 용자(勇者)라면, 죽음을 무릅쓰고 웅덩이에서 나와 야수와 맞서야 합니다. **웅덩이 속에서 빠져나오지 못하면 자신과 사랑하는 자를 누가 지키겠습니까?** 그는 웅덩이 속 나무를 꺾어 치명적인 무기를 만들고, 야수의 빈틈과 허점을 노려 공격해야 합니다. 두려움은 사랑하는 자 모두를 죽음으로 몰 것입니다. 힘에 쫓겨 야수에게 모두 죽임을 당하는 것은 공평하지 않습니다. 두려움을 극복하는 데 필요한 것은 애매모호한 용기가 아니라 [분노]입니다. 웅덩이를 빠져나오기 위해 실제 필요한 것은 무모한 격분이 아니라 [냉철한 분노]입니다. (빈두루존자, 154)

오랫동안 지상에서는 도덕적 인간의 육성을 위해 철학자들의 명문장을 암기시킬 수밖에 없었습니다. 잘 알겠지만, 암기 능력이 뛰어난 우수자가 더 도덕적이지는 않지요. 도덕을 가르치라 했더니 역시 암기력만 가르칩니다. 시험이 끝나면 모두 잊힐 겁니다. [마음이 올바르지 않으면, 배워도 올바르지 못하다. 올바른 마음과 올바른 목표를 가지면 스스로 올바른 인생을 위한 노력을 시작할 것이다.] 마음이 올바르지 않으면 지식은 어리석은 식견이 됩니다. 타인을 교육하는 것은 자기 인생 모두를 걸고 그것을 공부하고 준비한 자만 가능한 일입니다. 지금 지상은 도덕을 가르치는 자도 없고, 도덕을 가르칠 수 있는 자를 양성하는 교육 기관도 없습니다. 우리가 도덕적이기 어려운 이유이지요. 나는 독배의 죽음을 앞두고 이렇게 말했습니다. [내가 사람들에게 바라는 것은 다만 이것뿐이다. 여러분! 내 아이들이 성인이 되거든 내가 여러분을 괴롭힌 것과 똑같이 그 애들을 괴롭혀 분풀이해주시오. 만일 그 애들이 자기 자신을 훌륭히 만드는 것보다 금전이나 그 밖에 일에 먼저 뜻을 두거나 또는 하등 보잘 것도 없는데 벌써 무엇이나 된 줄 착각하거든, "너희는 유의할 일엔 유의하지 않는 하찮은 인간들인 주제에, 제법 무언가 상당한 인물이나 된 것처럼 생각하고 있다."라고, 내가 여러분에 했듯이 그 애들을 나무라 주시오.] (소크라테스, 155)

인간들이란 조금만 자신이 잘나 보이면, 주체할 수 없는 오만으로 지상의 사람들을 곤란하게 하지요. 더군다나 한 가지 잘하면 자기들이 모든 면에서 뛰어난 것처럼 이 일 저 일 충고랍시고 참견하는 모습을 보면, 소크라테스 선생의 걱정이 이해가 됩니다. 특히 조금 높은 자리에라도 있게 되면, 참으로 가관이지요.

루시퍼 선생, 지상의 갓난아기가 걷기를 시작할 때 무수한 연습과 상처를 입고 드디어 걸을 수 있듯이, 인간의 오만도 도덕과 철학을 디딤돌 삼아 부단히 연습하면, 겸손의 모습을 띠고 걸을 수 있게 되는 것입니다. 문제는 선생의 유혹에 넘어간 인간이 오만을 버리지 못하는 것이지요.

학문을 하는 것은 날로 보태는 것이고, 진리를 행하는 것은 날로 덜어내는 것입니다. 스스로 드러내지 않는 까닭에 그리고 스스로 옳다 하지 않음에, 천하 사람이 그와 다투지 않지요. 처세술의 목적은 남과 다투어 이기도록 하는 것이고, 도덕의 목적은 남과 다투지 않도록 하는 것입니다. 낳았으되 소유하지 아니하고, 행하였으되 기대하지 아니하며, 길렀으되 마음대로 부리지 아니하니, 이를 말해 그윽한 덕이라 합니다. 이렇게 줄어들고 또 줄어들어 무위(無爲)에 도달하지요. 이처럼 진인 (眞人)은 자기의 고정된 마음을 갖지 않고, 모든 사람의 마음을 자기의 마음으로 삼습니다. 범부가 도덕적이기 어려운 이유이지요. (노자, 156)

 나는 프랑스 생명 철학자입니다. 우리는 가능한 만큼 다 함께 **행복**해야 합니다. 교육자는 성공하는 방법을 가르칩니다. 우리는 성공하고 싶고 그들이 필요하지요. 그런데 공공연한 비밀이지만, 그들 교육대로 살면 우리는 결코 성공할 수 없습니다. 교양으로 몇 학기 배우는 철학과 도덕이 무언가 그 기능을 할 수 있을 것으로 생각하면 오산이지요. 지식을 가르치기 전, 도덕이 우선되어야 합니다. 성공했다고 사람들에게 축하를 받아도 무언가 석연치 않습니다. 본인은 자기가 성공한 것이 아님을 잘 알고 있기 때문이지요. 주위 모든 것들과 공존적 행복을 만들지 않는 한, 우리의 성공은 작은 파도에 무너지는 해변가 모래 집과 같습니다. 이렇게 **도덕은 공존적 행복에의 의지입니다.** 모든 생명의 역사는 그것에 자유를 불어넣으려는 노력이지요. 생명은 무게를 가지고 떨어지는 물질을 들어 올리려는 노력과 같은 것입니다. 이렇게 **도덕은 공존적 자유를 위한 투쟁이며, 생명은 약동하는 의식, [깨어있는 정신] 즉 의지입니다.** 그러므로 도덕적 인간은 [행복과 자유를 공유하려 노력하는 자]

로 명명해도 좋습니다. (베르그송, 157)

이성 중심 철학은 「무엇이 옳고 그른지, 어떤 것이 최선의 결과인지」이치에 맞게 따지는 것입니다. 이성 철학은 인간의 감정, 의지, 욕망, 불안과 같은 개인적 문제들은 비합리적인 것으로 여기지요. 반면 **실존 철학은 보편적인 이성이 아니라, 각자의 개별적 삶으로 눈을 돌립니다.** 우리가 [실존]을 원한다면 죽음을 앞둘 때까지 어떻게 살아야 하는지, 무엇을 해야 하는지, 각자 존재가 결정하면서 주체적으로 살아야 합니다. 우리는 비존재적 [그들-자신]으로서 존재하는 것이 아니라, [자기-자신]으로서만 [실존]할 수 있기 때문입니다. 실존이 가능할 때 비로소 [그들-도덕]이 아닌 자신만의 개별 [자기-도덕]이 드러나고, 개별 인간들의 작지만 정직하고 공평한 [도덕 공동체]들이 다수 형성될 것입니다. (하이데거, 158)

정신은 어떠한 폭군도 빼앗아갈 수 없는 독자적 재보(財寶)입니다. 사람의 진정한 부는 금은(金銀)에 있지 않고, 지식, 지혜, 바름과 고결함에 있지요. 정신의 고결함은 그의 얼굴을 아름답게 하고 공감과 존경을 낳으니, 고결한 존재의 정신은 그의 눈과 표정에 그리고 행동과

제스처에 나타납니다. 그러나 우리 기억력은 그렇게 좋지 않습니다. 인간의 정신은 매일 아침 새롭게 탄생 되지요. 신은 공평합니다. 매일 타인에게 미소를 주는 자를 사랑하며, 타인에게 슬픔을 주를 자는 미워합니다. 도덕은 너무도 손쉽습니다. 어리석음을 제외하고 모든 악(惡)은 그 치료법이 있지요. 어리석은 자에 대한 꾸짖음은 물 위의 글씨처럼 사라지니 예수는 절름발이와 장님마저 고쳤지만, 바보는 치료하지 못했습니다. 그중에서도 가장 치료가 어려운 것은 공평을 잃는 것입니다. (칼릴 지브란, 159)

인류 정신은 영원한 공평의 진리, 깨어있는 정신의 공존적 행복에의 의지에 대하여 지상의 사람들에게 전하는군요. 그들은 기게스의 반지_{투명하게 해주는 반지}를 끼고도 도덕적일 수 있는지(플라톤, 160), 로도스 섬에서도_{식량값이 폭등한 섬에서 비싼 값을 받아야 하는지}정직할 수 있는지(키케로, 161)묻습니다. 이와 함께, 천상의 인류 지성은 공존적 행복을 위해 지상의 사람들에게 "기성(旣成) 교양과 현명함의 부정 _{니체,} 사물의 양면을 고려하는 수용(受容)성 _{공자,} 자본주의의 은밀한 세뇌를 극복하는 철학의 도출 _{알튀세르,} 투철한 자들에 의한 공평한 도덕 창출 _{플라톤,} 죽음의 웅덩이 속에서 빠져나오게 하는 냉철한 분노 _{빈두루존자,} 올바른 교육의 소중함에 대한 재인식 _{소크라테스,} 자기 선행에 대한 보상 부정 _{노자,} 개별 실존적 삶으로의 회귀 _{하이}

데거"에 대하여 그들의 오랜 성찰(省察)을 전하는군요. 지혜의 여신으로서 아테나는 사람들에게 이렇게 전합니다.

"위장된 진리를 구분하려면 단지 세 사람의 동의를 구해보면 됩니다.

위장된 도덕도 마찬가지입니다."

"우리 기억력은 며칠을 넘기기 어렵습니다.

깨달음도 도덕도 마찬가지입니다."

🔲 도덕은 깨어있는 정신의 공존적 행복에의 의지입니다.

지혜의 정원(庭園)은 바람 불 때마다

노란색으로 익은 모과 향기로 가득합니다.

그 향기 옳고 그르지 않으니, 선도 악도 없고

그 향기 좋고 나쁨 없으니, 사랑도 미움도 없으며

그 향기 어디에나 있으니, 가질 것도 잃을 것도 없습니다.

✤ 인류 정신 정의·도덕 십계

1. 타인과 자유를 공유하려는 따뜻한 마음이 정의이다. (칸트)

2. 세상의 정의는 타인이 아니라 철저히 내가 만드는 것이다. (홉스)

3. 손해 보더라도 자신의 정당한 길을 가야 정의가 손짓한다. (도스토예프스키)

4. 바로 당신의 작은 외침이 잠자는 세상 모두를 깨울 수 있다. (괴테)

5. 주인을 따르는 개는 정의를 요구할 수 없다. (카프카)

6. 도덕 혼란의 시작은 자기에게 관대한 자기기만으로부터이다. (사르트르)

7. 도덕적으로 선하지만, 진리를 알지 못하면 그것이 바로 어리석음이다. (장자)

8. 어둠 속에서도 자신의 양심神을 두려워하라. (키케로)

9. 용감하고 무분별한 정직이라는 특권을 잃지 마라. (니체)

10. 자기 결정이 가능한 주체적 실존 사이에서만 도덕은 실효하다. (하이데거)

참고한 문헌

120. 플라톤 [국가] 주니어김영사, 손영운저, p183, p194, 제10장

121. 니체 [짜라투스트라는 이렇게 말했다] 청하, 최승자역, 1994, p241, 제3부

122. 존S밀 [자유론] 주니어김영사, 홍성자저, 2010, p16, 제1장

123. 순자, 중국 전국시대 성악(性惡)적 예(禮)를 강조한 유가 사상가

  [한비자 • 순자 • 묵자] 삼성출판사, 안병주역, 1982. p398, 순자, 2.수신편

124. 한비자 [한비자] 주니어김영사, 권오경저, p77,p88, p96, 제5장,제6장

125. 칼릴지브란 [방랑자] 백미사, 김원호역, 1982, p17, 연가

  A poet once wrote a love song and it was beautiful. And he made many copies of it, and sent them to his friends and his acquaintances, both men and women, and even to a young woman whom he had met but once, who lived beyond the mountains. And in a day or two a messenger came from the young woman bringing a letter. And in the letter she said, "Let me assure you, I am deeply touched by the love song that you have written to me. Come now, and see my father and my mother, and we shall make arrangements for the betrothal." And the poet answered the letter, and he said to her, "My friend, it was but a song of love out of a poet's heart, sung by every man to every woman." And she wrote again to him saying, "Hypocrite and liar in words! From this day unto my coffin-day I shall hate all poets for your sake."

126. 칸트 [순수이성비판] 삼성출판사, 전원배역, 1984, p269, 제2권, 선험적 변증론

127. 몽테뉴 [수상록] 범우사, 손석린역, 1983, p115, 후회에 대하여

128. 장자 [노자 • 장자] 삼성출판사, 이석호역, 1983, p425, 장자, 서무귀편

129. 아리스토텔레스 [정치학] 주니어김영사, 신승현저, p93, 제5장

130. 헤겔 [역사철학강의] 주니어김영사, 심옥숙저, 2010, p78,p105, 제3장

131. 혜능 [육조단경] 법공양, 원순역, 2009, p71, 제1장 悟法傳衣

  善知識 一切般若智 皆從自性而生 不從外入 莫錯用意 名爲眞性自用 一眞一切 眞心量大事 不行小道 口莫終日說空 心中 不修此行 恰似凡人 自稱國王 終不可得 非吾弟子

132. 홉스 [리바이어던] 주니어김영사, 손기화저, p171, 제4장

133. 니체 [인간적인 너무나 인간적인] 동서문화사, 강두식역, 1978, p516,p691, 제2권 제1장

134. 도스토예프스키 [지하로부터의 수기] Such is the nature of man. And all that for the most foolish reason, which, one would think, was hardly worth mentioning: that is, that man everywhere and all times, whoever he may be, has preferred to act as he chose and not in the least as his reason and advantage dictated. And one may choose what is contrary to one's own interests, and sometimes one positively ought. One's own free unfettered choice, one's own caprice, however wild it may be, one's own fancy worked up at times to frenzy, is that very "most advantageous advantage" which we have overlooked, which comes under no classification and against which all systems and theories are continually being shattered to atoms. Part 1 Underground, Chapter 7.

135. 하르트만, 독일의 존재 철학자, [미학] 을유문화사, 전원배역, 1984, p405, 제3부, 제2장

136. 괴테 [파우스트] 삼성출판사, 박찬기역, 1991, p25,p39,p41, 천상의 서곡, 비극 제1부

137. 카프카 [어느 개의 고백] 양문사, 구기성역, 단기 4292, p91

138. 헤세 [헷세의 명시] 한림출판사, 손재준역, 1977, p17, 슬픔

139. 베이컨 [신논리학] 주니어김영사, 홍성자저, 2010, p75, 제4장

140. 자사, 성(誠)을 중시한 노나라 유학자, [중용] 주니어김영사, 이수석저, 2010, p45,p63,p184

참고한 문헌

141. 사르트르 [존재와 무] 을유문화사, 양원달역, 1983, p90, 제1부 제2장. 자기기만

142. 카프카 [변신] 학원사, 구기성역, 1983, p245,p283

143. 장자 [노자·장자] 삼성출판사, 이석호역, 1983, p324, 장자, 외편, 16.선성편

144. 파스칼 [팡세] 박영사, 안응열역, 1975, p113, p130, 제1부, 압제편 57, 결과의 이유편 98

145. 키케로, 로마의 정치철학자, [의무론] 주니어김영사, 윤지근저, 2010, p199, 제7장

146. 지눌, 선종과 교종을 통합한 고려 시대 조계 승려, [수심결] 김원각역, 2008, p37-38, 제12문

147. 하이데거 [존재와 시간] 주니어김영사, 임선희저, 2010, p193,p202, 제7장

148. 몽테뉴 [수상록] 범우사, 손석린역, 1983, p77, 철학을 공부하는 것은 죽기를 공부하는 것이다.

149. 루소 [에밀] 제2편 With our foolish and pedantic methods we are always preventing children from learning what they could learn much better themselves, while we neglect what we alone can teach them. What is to be, therefore, of that cruel education which sacrifices the present to an uncertain future, that burdens a child with all sorts of restrictions and begins by making him miserable, in order to prevent him for far-off happiness which he never enjoy. Therefore freedom, not power, is the greatest good. The man in truly free who desires what he is able to perform, and does what he desires.

150. 니체 [반시대적고찰] 청하, 임수길역, 1982, p117,p187,p192,p198, 제2편 1,10,제3편 1,2

151. 공자(주희) [맹자·대학] 삼성출판사, 한상갑역, 1987, p422, 대학, 본편

152. 알튀세르, 프랑스 마르크스주의자 [마르크스를 위하여], Lewis, William, "Louis Althusser", The Stanford Encyclopedia of Philosophy (Spring 2014 Edition): Edward N. Zalta(ed.), 인문학공동체 에피쿠로스 [철학사 49] 루이 알튀세르(Louis Althusser) by 이우: http://www.epicurus.kr/Humanitas/386837, 이재유 [계급] 책세상, 2008, 참고, 내용 재구성

153. 플라톤 [소크라테스의 변명/국가/향연] 동서문화사, 왕학수역, 2013, p344, 국가, 제7권

154. 구나발타라 [빈두로돌라사, 위우타연왕설법경] 동국역경원 한글대장경 제270책 선법요해 204 K.1039 T.2049

155. 플라톤 [소크라테스의 변명 /국가/향연] 동서문화사, 왕학수역, p48, 소크라테스의 변명

156. 노자 [노자·장자] 삼성출판사, 장기근역,1983, p49,p132, 도덕경, 상편, 能爲, 忘知

157. 베르그송, 프랑스 생명 철학자
[창조적 진화] 주니어김영사, 윤원근저, 2010, p210,p214, 제11장

158. 하이데거 [존재와 시간] 주니어김영사, 임선희저, 2010, p64,p177, 제2장,제6장

159. 칼릴지브란 [매혹] 민음사, 정현종역, p52,p69, 이성과 앎에 대하여, 지혜에 대하여
Every evil has its remedy, except folly. To reprimand an obstinate fool or preach to a dolt is like writing upon the water. Christ healed the blind, the halt, the palsied, and the leprous. But the fool He could nor cure. Learning is the only wealth tyrants cannot despoil. The true wealth of a nation lies not in its gold or silver but in its learning, wisdom, and in the uplightness of its sons. The riches of the spirit beautify the face of man and give birth to sympathy and respect. The spirit in every being in made manifest in the eyes, the countenance, and in all bodily movements and gestures.

160. 플라톤 [국가] 동서문화사, 왕학수역, p109, 제2권

161. 키케로 [의무론] 주니어김영사, 윤지근저, 2010, p186, 제11장

국가, 권력, 부, 명예에 대한 냉철한 분노

나에게 국가와 권력은 도대체 무엇을 해주는가

나는 왜 가난한가

나는 왜 꿈이 없는가

국가, 권력, 부, 명예에 대한 냉철한 분노

나에게 국가와 권력은 도대체 무엇을 해주는가

❉ 국가를 위해 개인이 희생하는 나라 중 퇴락하지 않는 나라는 없다

❉ 국가의 최대 역할은 힘의 균형을 맞추는 것이다

❉ 권력은 자신이 무섭다고 생각하지만 사람들은 우습다고 생각한다

❉ 진정한 권력은 중력과 같이 아무것도 없어도 만물을 다스린다

나는 왜 가난한가

❉ 부자는 돈이 많다는 것, 그것뿐이다

❉ 부의 작은 특권은 악마도 천사도 될 수 있다는 것이다

나는 왜 꿈이 없는가

❉ 명예를 위해 살면 명예롭지 않다

등장인물

플라톤

존로크 고드윈 푸코 순자

톨스토이

키케로 지혜의 신, 아테나 스피노자

나가르주나 위로의 신, 앙게로나 칼릴지브란 데카르트

비트겐슈타인

콰인 나태의 악마, 벨페고르 니체

복희 아리스토텔레스

루소 오만의 악마, 루시퍼 파르메니데스

존S밀 아우렐리우스

디오게네스 분노의 악마, 사탄 모세

파스칼 탐욕의 악마, 마몬 토마스리드

바수반두 사르트르

혜능 에라스무스 키에르케고르 쇼펜하우어

가을 흐린 정원은 차가움과 따뜻함이 공존하고 있다. 구름으로 가린 하늘에 회색 수목의 차가움이 바람 없는 아늑함에 의해 따뜻이 변해가는 느낌이다. 이곳에서는 어느 것도 정지해 있지 않다.

지상의 사람들은 이곳 인류 정신으로부터 평등, 자유, 정의와 도덕이라는 지상의 최대 논제에 대하여 이야기를 들었습니다. 이제부터는 국가와 권력에 대하여 분노해야 하는 것들, 지상 사람들의 가난, 그리고 그들의 꿈에 대하여 인류 정신의 이야기를 들어보도록 하지요.

❋ 국가를 위해 개인이 희생하는 나라 중 퇴락하지 않는 나라는 없다

사회 혼란 상태를 막기 위해 최소한의 권력을 위임한 것이 국가입니다. 국가 권력은 사람들의 생명과 재산, 자유를 지키기 위해서만 극히 제한적으로 사용되어야 하지요. 신이 인간에게 부여한 자연법 권리, 천부인권은 누구에게도 양도할 수 없으며, 본인 외 타자(他者) 누구도 사용할 수 없습니다. 어떤 얼뜨기 정치가가 이렇게 말했지요. "국가가 내게 무엇을 해줄 것인가를 묻지 말고, 내가 국가를 위해 무엇을 할 것인가를 생각하라." 터무니없는 이야기입니다. 지상 사람들은 이 말을 자랑스럽게 외우라고 깊은 생각 없이 교육하지만, 이는 국가가 그 기본 기능, 평등적 자유 부여의 역할을 완벽히 수행할 때 한해 긍정할 수 있는 매우 의심스러운 이야기입니다. 이는 역사상 어느 국가도 불가능했던 일이지요. 국가는 약자를 항상 이용해왔을 뿐입니다. 우리는 이것을 너무도 잘 알고 있지 않습니까? 도대체 몇 번을 속아야 하겠습니까? 국가에 복종하면 나를 보호해줄 것이라는 우화는 아이들에게 '이 세상에서 가장 어리석은 일'로 제일 먼저 교육해야 하는 이야기입니다. (존로크, 162)

 로크 선생, 나는 분노의 악마, 사탄 인간이 국가랍시고 만들어놓고 아무런 하는 일 없도록 만들지요. 원래 국가는 인간 모두를 보호해주는 권력 기관이어야 하는데, 욕심 많은 권력자 몇 명을 유혹하여 약한 인간들이 보호받을 수 없도록 만들었습니다. 더군다나 내가 유혹하지 않아도 인간들은 악마들이 하는 일을 너무 쉽게 흉내 냅니다. 오히려 더 악독하게. 나는 결정적 순간에는 다수의 이익을 거론하면서 약한 인간들을 외면하게 만들지요. 로크 선생 말대로 지상의 인간들은 국가에 너무 큰 기대를 하지 않는 것이 좋습니다. 솔직히 말하면, 내가 이미 오래 전에 국가를 권력을 가진 인간들 소수를 위한 [비평등적 권력 보호기관]으로 만들어버렸으니까요.

우리가 국가의 보호를 받으려면 최소한, 발언권을 가진 다수 집단에 속해야 합니다. 즉 우리가 국가를 만들었을 때의 계약 주체가 되어야만 하지요. 문제는 소수 약자의 경우입니다. 그들이 서로 단결하여 정치적 발언권을 가지는 상태가 되지 않는 한, 국가로부터 외면당할 수밖에 없습니다. 지상의 국가는 믿을 수 없습니다. 국가가 우리를 보호하지 않을 수 없도록 스스로 힘을 모아 집단으로써 저항해야 하지요. 나는 지상의 사람들에게 [소규모 자립 공동체]를 구상하라고 다시 한번 제언(提言)합니다. [어떤 경우에도 한 사람이 다른 사람, 또는 조직에 복종할 의무는 없습니다.] 이는 절대 양보할 수 없는 진리는 입니다. (고드윈, 163)

진리마저 당대의 권력에 의해 계속 변형됩니다. 이렇게 진리의 계보학이 탄생하지요. 우리 삶은 권력의 그물망에 갇혀 길들여집니다. 지상 세계는 보이지 않는 악마가 권력의 편에 서서, 앞으로 권력을 가지게 될 자를 위하여 인간과 사회를 개조해 나갑니다. 악마는 인간이 자유롭게 되기를 원하지 않기 때문이지요. 지상의 인간은 악마가 만든 올가미에 포박되어 움직이는 꼭두각시와 다를 바 없습니다. 이를 파괴하지 않으면 우매한 권력자가 아무리 바뀌어도, 평등을 제공해야 하는 국가

는 사람들에게 무용지물이고, 그들 삶은 거의 달라지지 않을 것입니다. (푸코, 164)

푸코 선생, 눈치챘군요. 국가로부터 발생하는 권력을 휘두를 수 있는 수많은 요직에 앉아있는 인간들을 보십시오. 내가 자랑할 만하지요. 내가 국가 권력 대부분을 악(惡)으로, 그리고 타도, 전복해야 할 대상으로 만들어 버렸습니다. 지상의 사람들이 분노할 만하지요.

나도 나태의 악마, 벨페고르 조금은 기여하고 있습니다. 나는 멍청한 인간 몇을 유혹해서 국가가 다수를 위해 소수를 억압할 수 있는 권리를 가진 것처럼 선동합니다. 지상 인간의 국가는 이미 평등이 성립되지 않도록 변질되어 있습니다. 위장된 평등으로 가득하지요. 그런데 어리석은 인간들은 그런 국가를 자랑스러워 합니다. 또 나는 그들의 비윤리를 윤리로 위장시키도록 오랫동안 준비했지요. 그런데 사실은 지상 인간의 이기심도 평등을 원하지 않습니다. 자기 조건이 다른 사람들보다 조금 좋으면 인간 스스로 평등을 기피하지요. 이런 조금 모자란 그들이 모여 구성된 국가가 평등하지 못한 것은 당연한 일입니다. 인간들 각자가 평등을 원하지도 않고, 행하지도 않는데 국가에 그것을 요구할 수는 없지요. 내가 조종하고 있는 국가가 항상 이기는 이유입니다.

벨페고르 선생, 인간들 모두가 그런 것으로 착각하면 곤란하지요. 인간은 스스로를 볼 수 있고, 초월하는 존재입니다. 지상 사람들이 분노해야 하는 것은 국가뿐 아니라 그들 자신도 해당됩니다. **번약(繁弱)은 훌륭한 활이지만 교정을 얻지 못하면 무용(無用)이고, 환공의 총(蔥)**은 훌륭한 칼이지만 숫돌에 대어 갈고 사람의 힘을 얻지 못하면 또한 무용이며, 목왕의 화류(驊騮)는 훌륭한 말이지만 재갈을 물리고 어자(御者)의 채찍으로 부려진 연후에야 비로소 하루에 천 리를 가지요. 이처럼 국가가 약자에게 평등하기 위해서는 국가를 교정하고, 숫돌에 갈며, 채찍으로 부리는 자, 즉 민중 모두가 그것을 원하고 행하지 않으면, 국가 지도자가 수없이 바뀌어도 무용(無用)입니다. 국가를 운영하는 권력의 실제 위치에 있는 자들은 바로 그들이기 때문이지요. 국가가 평등치 않다면 평등을 실천하지 않았던 민중 자신 스스로에게 제일 먼저 분노하고 채찍질해야 합니다. (순자, 165)

국가는 전쟁 중이어도 우리는 사랑하고 이별하고, 울고 웃습니다. 나는 소설을 통해 이렇게 말했습니다. [나타샤에게 일어난 변화는 마리아를 놀라게 했으나, 이윽고 그녀가 그 참다운 의미를 깨달았을 때, 이 변화는 그녀를 슬프게 했다. "이렇게 빨리 오라버니를 잊을 수 있다니, 그처럼 그 사람의 사랑은 얕았던 것일까?" 나타샤의 마음에 나타난 변화를 혼자서 이모저모로 상상할 때 그녀는 이렇게 생각하는 것이었다. 그러나 **나타샤를 사로잡은 생명력의 각성은 마리아 그녀 자신에게까지도 돌연하고 억제할 수 없는 것이었고, 그 때문에 나타샤를 비난할 권리가 없음을 절로 느꼈다.**] 국가가 아무리 민중을 죽음과 고난으로 내몰아도, 민중의 생명력은 그것을 극복합니다. 진리에 위배되지 않는 완전하고 합당한 근거 없이 국가를 위해 희생하지 마십시오. 같이 어리석어질 뿐입니다. 그렇게 생명을 거느니, 오히려 국가 개조에 참여하고 투쟁하는 것이 더욱 이성적입니다. (톨스토이, 166)

지상의 사람들은 평등을 목표로 하는 국가에 기생하는 파렴치한 권력 부근 기득권층에 분노해야 합니다. 그들은 민중의 희생을 먹이로, 사역 없이 배를 불리고 있기 때문이지요. 전쟁에서 이기기 위해서는 명분이 확실해야 합니다. 그 명분이 용기를 주기 때문이지요. 그렇지 않으면 필패(必敗)입니다. 톨스토이 선생 말대로, 국가를 위해 희생하려면 반드시 그 이유와 명분을 살피고 나아가야 합니다. 그렇지 않으면 목숨을 희생한다 해도 불한당의 어리석은 패거리로 전락할 뿐이지요. 이는 개인의 경우로 바꾸어 생각해도 그 전락은 마찬가지입니다. 스스로 덕을 행하지 않고, 남을 이용하는 것은 병약하고 부족한 자들이나 하는 일입니다. 사람을 이성으로 인도하지 않고, 힘과 공포로써 억압하려고 노력하는 자들은, 다만 다른 사람들을 자기들과 같은 비참한 상태로 끌어들이려는 의도일 뿐입니다. 수단 방법을 가리지 않고 남을 이용할 수밖에 없는 부족하고 불안한 이들의 심정은 병약한 사람이 죽음의 불안 때문에 자기가 싫어하는 혐오스러운 것이라도 먹어 치우는 것과 같은 것입니다. 건강한 사람은 청결한 채식에 만족하며 죽음을 두려워하기보다는 일상적 삶과 생활을 누리지요. 건강한 자는 상당한 이유 없이 일상을 깨뜨리는 것에 분노합니다. 국가도 예외는 아니지요. (스피노자, 167)

내가 원하는 것은 명성을 얻거나 존경을 받는 것이 아니라 단지 방해받지 않고 자유롭게 내 삶을 사는 것뿐입니다. 조금이라도 의심할 수 있는 것은 참이 아니지요. 진리를 찾기 위해 [명석적 판명, 세분적 분석, 질서적 해석, 치열한 검열] 이런 네 가지 규칙을 가지며, 선하게 살기 위해 [겸손하고 지나치지 않음, 허약하지 않은 단호함, 운명의 합리적 인식과 자기 욕망의 지배] 이런 세 가지 도덕 격률을 가집니다. 이는

[나는 생각한다. 고로 존재한다 Cogito ergo Sum]는 철학의 제 1 원리로 나를 이끌었습니다. 이 중 세 번째 도덕 격률 [문명이나 세계의 질서를 변경하려 하기보다는 자신을 지배하려 노력하고, 자신의 욕망을 변경하려 할 것]은 국가와 개인의 작용을 명석, 판별하게 생각하도록 도와줍니다. 국가는 진리와 도덕적 삶을 완성하는데 아무것도 해주지 않습니다. 모든 것은 [자기 개별 정신]에 의존하는 것이지요. **국가는 단지 행정, 입법, 사법 조직일 뿐입니다. 국가에 진리와 정의, 도덕까지 기대하지 마십시오.**

(데카르트, 168, 169)

인간들은 자기들이 국가를 만들어놓고 그들의 압제를 받는 멍청한 족속이지요. 국가의 필요에 의해 인간이 존재하는 것이 아니라 인간들의 필요에 의해 국가가 존재하는 것입니다. 나는 탐욕의 악마, 마몬 소수 권력에 도달한 인간들을 유혹해서 국가의 주인 행세를 하게 하고 있습니다. 국가는 그들을 중심으로 운영되고, 멍청한 인간들은 기득권을 가진 집단에 머리 숙여 자유를 구걸하지요. 권력 집단이 아무리 계속 바뀌어도 그들 모두 다 유혹에 넘어오더군요. 결국, 아무것도 변하지 않지요. [국가·권력을 탓하지 말고, 당신의 더러운 양심에 철퇴를 내려라.] 이렇게 말하는 몇 사람의 깨어있는 선지자가 있으면 나는 깜짝 놀라, 다수 권력 집단을 시켜 그들을 곧 제거합니다. 권력 집단은 사람들을 하인 취급하면서 약간의 돈과 명예로 그들의 불만을 달래고 이용하지요. 주인과 하인은 힘에 의해 결정되는 법입니다. 주인이 되고 싶으면 힘을 키울 수밖에 없지요. 내가 있는 한, 국가는 아무것도 해주지 않을 겁니다. 아니 아무것도 해줄 수 없지요. 멍청한 인간들이 숭배하는 국가를 나는 허상으로, 환영으로 만들어버립니다. 내가 조금 조심하는 것은 도덕적이며 선한 인간들이 [조직된 민중]으로 재탄생해서, 분노로 행동하는 것입니다.

우리 국가는 스스로 선하다고 자칭하고 있지만, 사실은 [파렴치한인 혼이 없는 사회]가 예술 및 예술가를 자기의 노예적 시종으로 생각하고, 더군다나 외견적이기만 한 욕구를 만족시키기 위해서 그렇게 하고 있다는 것을 우리는 너무도 잘 이해합니다. 근대 예술가는 사치스럽습니다. 이는 [사치 사회]와 흥망을 같이 하지요. [사치 사회]는 그 권력을 극도로 냉혹하고 교활하게 이용함으로써, 민중이라는 권력 없는 자를 점차로 예속적, 저속적, 비민중적으로 만들어버리고, 민중으로부터 근대적인 [노동자]를 만들어내는 방도를 고안해내었습니다. 권력은 "오랫동안 민중이 그 가장 깊은 요청으로부터 산출했고 이를 통하여 그들의 혼을 상냥하게 전달한 가장 위대하고 순수한 것, 즉 그것의 신화, 춤, 말, 창조도" 민중으로부터 탈취했습니다. 그것으로써 민중의 피폐와 권태에 대응하는 음탕한 수단, 근대 [사치 예술]을 양조(釀造)한 것이지요. 지상의 사람들은 술에 취해 비틀거리는 무력한 [사치 사회]를 단호히 거부해야 합니다. (니체, 170)

인류 정신은 국가의 퇴락을 막기 위해 "개별 개인을 위한 국가 권력 제한ᴊ로크, 타인·조직에의 복종 불용(不容) 고드윈, 숨겨진 권력의 그물망 제거푸코, 국가 운영을 위한 개인의 자기 도약순자, 인간 생명 고귀함에 대한 각성톨스토이, 불안을 야기하는 권력에 대한 분노 스피노자, 사치 사회의 거부 니체"에 대하여 그들의 통찰(洞察)을 전하는군요. 지혜의 신 아테나는 지상의 사람들에게 이렇게 전합니다.

"국가는 평등을 가장하여 평등을 해치는 공인기관입니다.

그에 합당하게 대우하고 기대하는 것이 좋습니다."

"모두가 자기를 위해 달라고 요구합니다. 국가조차 다르지 않습니다.

선인(善人)을 이용하는 자들이 너무 많습니다"

"투쟁과 행동 없는 자유는

12살 소년도 그 불가함을 이미 알고 있습니다."

🔲 국가를 위해 개인이 희생하는 나라 중 퇴락하지 않는 나라는 없습니다.

❧ 국가의 최대 역할은 힘의 균형을 맞추는 것이다

나는 그리스 존재 철학자입니다. 존재는 [존재하지 않는 것]을 암시합니다. "나는 파르메니데스이다."라고 하면 "나는 나무가 아니다."를 명시하지요. 그런데 [나무가 아닌 것]은 무한히 불특정하며 이로써 존재할 수 없습니다. 그렇다면 존재하는 나는 갑자기 존재할 수 없게 되어버리지요. 이는 부조리합니다. 이렇게 "나는 「나무가 아닌 것」이 아니다."로 귀결하지요. **그러므로 나는 파르메니데스이며 또한 나무일 수밖에 없습니다.** 국가도 동일합니다. 나는 「국가가 아닌 것」이 아니므로 나는 [나]이면서 또한 [국가]이지요. 이렇게 존재로서 나와 국가는 종속 관계가 아닙니다. **존재는 그 무엇이든 동등하게 자신을 내세웁니다.** 개인이 국가의 통치를 받는 것은 어불성설(語不成說)입니다. (파르메니데스, 171)

나는 이스라엘의 예언자입니다. 지상의 사람들은 국가에 고분고분하게, 그가 주는 대로 받고 있습니다. 그들은 국가의 충성스런 개가 되어 버렸지요. 권력 집단에 해가 되면 국가는 즉시 약자를 배반합니다. 다른 선생들이 이미 말한 바와 같이, 국가의 다수 이익 목적 논리는 강자들의 오래된 술수이지요. 그들은 소수 약자끼리 서로 다투게 하여 그들의 단결된 힘을 빼앗기도 합니다. 술수에 넘어가지 않으려면 국가를 믿어서는 안 됩니다. 의심하고 감시하며 그들에게 이용당하지 않도록 끊임없이 경계해야 하지요. 우리가 무엇을 감시해야 하는지는 탈무드 속 랍비의 말을 고려하면 됩니다. [주인도 하인이나 노예와 다른 음식을 먹으면 안 되고, 주인이 방석에 앉으려면 그들에게 같은 것을 내주어야 한다.] 국가가 평등을 실현하려고 노력하지 않으면 국가·권력의 축출과 변화를 도모해도 큰 죄가 되지 않습니다. 냉철함으로 새로운 국가를 다시 세우는 것이 후대를 위하는 길이기 때문이지요. (모세, 172)

나는 스코틀랜드의 상식철학자입니다. 진리란 증명이 필요 없는 [직관적 상식]입니다. 국가가 우리의 평등을 지켜주지 않는 것으로 [직접적 지각]되면 국가가 어떤 변명과 어떤 합법성을 주장해도 국가는 거짓말을 하고 있는 것입니다. 진리는 직관에 의한 상식적 인지로 판명되는 것이기 때문이지요. 진리는 설명이 필요 없습니다. 설명하려 하면 일단 의심스럽지요. 국가도 마찬가지입니다. **국가는 민중이 직관적으로 납득할 수 있도록 그 역할을 이행해야 합니다.** 지상의 사람들은 국가를 무조건 변호해서는 안 됩니다. 국가에 무조건 복종해서도 안 되고, 국가에 무조건 충직해서도 안 됩니다. 민중의 평등을 위해 헌신하는 국가에게만

복종하고 충직해야 합니다. (토마스리드, 173)

 국가의 생명은 처음부터 끝까지 평등에 있습니다. 그것이 무너지면 우리는 국가를 파괴하고 다시 세워야 하지요. 몇 번이고 다시 이야기하지만, 국가는 우리에게 평등을 주어야 합니다. 다른 것은 크게 바라지도 않지요. 국가는 언제나 평등보다 사회적 총이익을 추구하는 시늉을 합니다. 국가가 진리와 정의를 제공하는 [철학과 신(神)의 역할]을 할 수 있다고 생각하는 것은 착각이고 또 오해입니다. **국가는 국민 모두가 평등하게 살아갈 수 있도록 계약에 의해, 국민에 의해 만들어진 위임·위탁 기관일 뿐이지요.** 그 역할이 무너지면 국가는 그 생명력을 잃습니다. 평등을 제공하지 못하면 더 이상 국가가 아니라, 이익 당사자를 위한 목적 집단일 뿐이지요. 평등한 민중 사이에서 힘의 균형이 깨지면 억압, 폭력, 전복의 사슬과 그로 인한 비극이 시작됩니다. 이는 인간 역사 속에서 우리 끊임없이 보지 않았습니까? [아무 일도 없었다. 존재했다.] 그렇게 돌덩이처럼 살 수는 없습니다. 우리는 냉철히 분노하여, 모두 평등한 세상이 되도록 하루하루 치열히 행동하고 쟁취해야 하지요. 그 방법은 무엇이든 상관없습니다. 평등적 삶을 향하여 자기가 할 수 있는 것을 하면 그것으로 충분하지요. 단지, 세상 달관한 듯 「세상 뭐 있나?」 며 멍청히

존재해서는 안 됩니다. 정말로 멍청해지기 때문이지요. (사르트르, 174)

사르트르 선생, 인간이란 족속은 원래 멍청하지요. 아무리 선생이 우기고 위협해도 사람들은 꼼짝하지 않을 겁니다. 원래 나태한 족속이라 자기가 조금 먹고살 만하면 다른 사람들의 권리를 위하여 나설 리 없습니다. 그런 생각은 꿈도 꾸지 마시지요. 선생 말이 끝나기 무섭게 "세상 뭐 있나?"를 다시 외칠 겁니다.

벨페고르 선생, 악마다운 생각이군요. 나는 어느 소설에서 이렇게 말했지요. [뤼시엥, 내가 태어난 것은 그 자리를 차지하기 위해서였다. '나는 존재한다. 왜냐하면, 나는 존재할 권리가 있으니까. 나는 권리가 있다! 권리! 권리가 있단 말이다!'] 인간이 멍청하고 나태한 족속이기는 하지만, 존재할 권리를 찾기 위해서는 험난한 고난과 모험을 마다하지 않고, 목숨도 손바닥 뒤집듯이 내놓지요.

@ 사르트르, [(구토) • 어느 지도자의 어린 시절] 학원사, 김희영역, 1986, p416

현상계는 자기 표상의 세계이며, 인식 불가지론적 물(物)자체는 자기 의지의 세계입니다. 우리는 국가를 의지(意志)합니다. 국가는 나를 보호해 주지 않지요. 지상의 사람들은 [국가가 나를 보호해 주기를 바라는 것이 아니라, 나를 보호해 주지 않을 수 없도록 국가를 강제해야 한다는 것]을 잊지 말기 바랍니다. 사실 이것은 국가와의 관계뿐 아니라 우리 삶 모든 관계에 적용되는 유익한 내막(內幕)이지요. [그가 나를 보호해 주기를 바라는 것이 아니라, 나를 보호해 주지 않을 수 없도록 그를 강제한다.] [회사가 나를 보호해 주기를…] 의지하지 않으면 물(物)은 존재하지 않는 것처럼, 의지하지 않으면 국가는 나를 돕지 않습니다. 이렇게 의지에 의해 힘의 균형이 유지됩니다. (쇼펜하우어, 175)

국가는 민중과 함께 진화합니다. 그러나 오랫동안 국가는 평등의 진리 편에 서지 않았지요. 우리 민중이 평등을 원하지 않기 때문인지도 모릅니다. 당신이 성공하려고 노력하는 이유가 불평등적 특권을 누리기 위함은 아닌가요? 민중 개개인이 진화하지 않는 한, 국가는 거의 진화하지 않습니다. 우리가 스스로에게 분노해야 하는 이유이지요. 국가와 개인은 서로 많은 것을 바라지 않는 것이 좋습니다. 국가가 우리를 이용하듯이 우리도 국가를 이용하면 되는 것이지요. 그렇긴 해도 물론, 국가를 계속 포기할 수는 없습니다. 우리 모두를 보호할 유일한 방법이기 때문이지요. "도대체 무엇이 국가를 진화시키는가?" 사실 이는 우리 사람들의 불평등적 특권에 대한 욕망을 약화시키는 수밖에 다른 방도가 없습니다. 나는 **이를 가능케 하는 철학과 사상을 애타게 기대합니다.** 어느 신파 극장 무대 뒤에서 불이 났습니다. 어릿광대가 무대에 나와서 관객들에게 이 사실을 알렸지요. 사람들은 어릿광대의 만담으로 생각하고 갈채를 보냈습니다. 어릿광대는 거듭 불이 났다는 말을 했지요. 사람들은 더욱 웃으며 갈채를 보냈습니다. 나는 생각합니다. **세상은 이처럼 그것을 만담이라고 생각하는 사람들의 일반적 환영(幻影) 속에서 그렇게 멸망해버릴 것이라고. 지금 지상의 국가는 위태롭습니다.** (키에르케고르, 176)

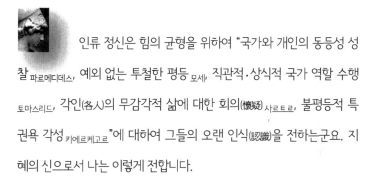

　　　　　인류 정신은 힘의 균형을 위하여 "국가와 개인의 동등성 성찰 파르메니데스, 예외 없는 투철한 평등 모세, 직관적·상식적 국가 역할 수행 토마스리드, 각인(各人)의 무감각적 삶에 대한 회의(懷疑) 사르트르, 불평등적 특권욕 각성 키에르케고르"에 대하여 그들의 오랜 인식(認識)을 전하는군요. 지혜의 신으로서 나는 이렇게 전합니다.

"국가는 평등을 제공하는듯하지만, 교묘히 불평등을 정당화시킵니다.
국가를 믿어서는 안 되는 이유입니다."

"아무리 여러 위대한 정신이 있어도
철학은 결국 힘의 균형으로 수렴합니다."

☑ 국가의 최대 역할은 힘의 균형을 맞추는 것입니다.

어둠이 깔린 정원은 나무와 땅 사이 경계를 가른다. 어디선가의 불빛은 돌계단을 하얗게 바꾸고, 정원 속 사물과 그들의 이야기를 선명히 드러낸다. 어둠은 이렇게 때로는 분명한 것을 보여주기도 한다.

어느 따뜻한 오후
늦은 가을 안개 걷힌 붉은 산 아래 서서
이렇게 사유(思惟)하고 있음에
우리는 지금
적어도, 평등하고 자유로운 존재라는 것은
분명히 말할 수 있습니다.

⚜ 권력은 자신이 무섭다고 생각하지만 사람들은 우습다고 생각한다

나는 네덜란드 가톨릭 성직자입니다. 인간적 신은 권력이 아닌 인본주의적 마음으로부터 탄생합니다. 심판의 날에 사제들은 보통 때는 배불리 먹으면서 금식의 날짜 수를 자랑하고, 수도복 염색 색깔, 신

발 매듭 수의 정확성, 예배와 찬송으로 쉰 목소리, 오랫동안의 묵언으로 온 혀의 마비, 고행으로 혼미해진 정신, 그리스도를 위한 헌금으로 지은 거대한 성전을 증거로 내밉니다. 그러나 그리스도는 이 자기도취자들을 참지 못하며 이렇게 말할 것입니다. "위선자들아, 너희는 천국의 문턱을 넘지 못할 것이다. 나의 오로지 단 하나 가르침은 서로 사랑하라는 것이었거늘." 교회의 어리석은 사제와 같이, 권력을 가지고 왕처럼 행세하려는 자가 있으면, 그리스도의 손이 아니라 우리 손으로 그들을 직접 응징해야 합니다. (에라스무스, 177)

권력은 타인을 자기 뜻대로 움직이는 힘입니다. 이것이 권력을 취하려 하는 이유이지요. 그러나 실제로 약자들이 권력자들 뜻대로 움직인 적은 한 번도 없습니다. 거짓 흉내만 냈을 뿐이지요. 권력이 할 수 있는 것은 의외로 많지 않습니다. 그리고 그 유효 기간도 길지 않지요. 인간이 자기 뜻대로 세상을 움직이고 싶은 욕구는 이해가 되지만, 실제 세상은 강제적 힘에 의해 변화되는 것이 아닙니다. 세상을 변화시킬 수 있는 것은 [다수 사람의 생각]뿐이지요. 오히려 민중의 마음을 변화시킬 수 있는 것은 오래된 한 권의 책인 경우도 있습니다. 절대다수가 [기꺼이 목숨을 버릴 수 있다고 느끼는 가치]를 제시하는 낡은 책, 그 속의 숨겨진 생각, 그것이 진정한 권력이지요. 그것이 개인적이고 탐욕스런 권력과 다른 것은 타인 절대다수의 평등적 권력을 희망하고 인도한다는 것입니다. 위선적 권력자들이 두려워하는 것도 이런 작고 허름한 [한 권의 책]이지요. 온갖 법(法, 眞理)은 본디 사람에게서 일어나고, 모든 가르침도 사람이 있기 때문에 있게 된 것을 알아야 합니다. 약자를 위한 일을 수행하지 않는 권력은 우리에게 어떤 것도 줄 수 없지요. 즉시 변화를 도모해야 합니다. 진리를 발견하고 생각 생각마다 행한다면 이를 [반야(般若, 眞理)의 행(行)]이라 합니다. 행하지 않으면 범부요 행하면 부처이지요. 몇 번이고 말하지만, 마음으로 큰일을 생각하더라도 실천하지 않으면 그것은 하찮은 일이니, 날이 저물도록 입으로만 공(空, 法, 眞理)을 말하지 마십시오. 진리를 위해 행동하지 않으면 아무리 왕이고 싶어도 끝내 노예일 뿐입니다. 누군가 마음을 비우고 조용히 앉아서 아무 생각도 하지 않는 것을 스스로 「크다」고 생각하나 선사(禪師)에게는 「어리석다」는 말을 들을 뿐이지요. (혜능, 178)

나는 인도의 유식(唯識) 승려입니다. 눈앞의 대상(對象)은 마음의 한 양태(樣態)일 뿐입니다. 주체와 대상을 분별하려 의지(意志)하는 것은 어리석은 일이지요. 사람의 생각은 마음 작용과 항상 함께합니다.

사람의 마음작용은 6품(品)·46법(法)으로 구성됩니다. 착한 마음은 대선지법 같은 착한 마음 작용에 기인하고, 악한 마음은 대번뇌지법 같은 악한 마음 작용에 기인합니다. 한 사람의 마음 작용은 무궁하여 다른 누구도 타인의 마음 작용에 감히 가까이 다가설 수 없지요. 힘과 권력도 사람의 마음 작용 46가지 중 극히 일부에만 조금 작용할 뿐입니다. **힘으로 사람을 움직일 수 있다고 생각하는 순간, 자신의 마음 작용은 돌아오기 힘든 번뇌의 땅으로 발을 디디는 것이지요.** (바수반두(世親), 179)

---

① 대지법(大地法): 수(受)·상(想)·사(思)·촉(觸)·욕(欲)·혜(慧)·염(念)·작의(作意)·승해(勝解)·삼마지(三摩地), 10법)

② 대선지법(大善地法): 신(信)·불방일(不放逸)·경안(輕安)·사(捨)·참(慚)·괴(愧)·무탐(無貪)·무진(無瞋)·불해(不害)·근(勤), 10법)

③ 대번뇌지법(大煩惱地法): 치(癡)·방일(放逸)·해태(懈怠)·불신(不信)·혼침(惛沈)·도거(掉擧), 6법)

④ 대불선지법(大不善地法): 무참(無慚)·무괴(無愧), 2법)

⑤ 소번뇌지법(小煩惱地法): 분(忿)·부(覆)·간(慳)·질(嫉)·뇌(惱)·해(害)·한(恨)·첨(諂)·광(誑)·교(憍), 10법)

⑥ 부정지법(不定地法): 심(尋)·사(伺)·수면(睡眠)·악작(惡作)·탐(貪)·진(瞋)·만(慢)·의(疑), 8법)

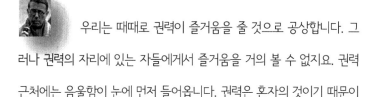

우리는 때때로 권력이 즐거움을 줄 것으로 공상합니다. 그러나 **권력**의 자리에 있는 자들에게서 즐거움을 거의 볼 수 없지요. 권력 근처에는 음울함이 눈에 먼저 들어옵니다. 권력은 혼자의 것이기 때문이지요. 권력은 [타인과 함께하는 즐거움]에의 의지가 아니라, 자기 마음속에서 갈구하던 것을 이루고 유지하려는 [혼자만의 은밀한 욕심]입니다. 그러나 즐거움이 사라진 권력은 힘이 없습니다. 즐거움은 타인과 함께하는 것이지요. 어린아이처럼 철없는 즐거움이 있는 삶은 힘찹니다. 권력은 자신만의 즐거움을 탐하지요. 권력이 개입되면 좋은 의도이건, 나쁜 의도이건 음울합니다. 작은 권력도 큰 권력과 그 모습은 비슷하지요. 단언하지만 우리 생에서 권력 따위는 필요 없습니다. 권력은 우리 것을 빼앗아갈 뿐, 우리 삶에 아무것도 주지 않지요. 나는 어느 책에서 이렇게 말했습니다. [나는 식당 안을 죽 돌아본다. 그것은 하나의 코미디다. 나는 크게 웃었다. 독학자는 왜 웃는지 물었고 나는 이렇게 말했다. "사람들은 귀중한 존재를 보존하기 위해 먹고 마시고 있지만, 실상은 아무것도 없고 존재할 이유도 없는 여분의 존재들이라고 생각했기 때문이네." 독학자는 말했다. "목적이 있습니다, 선생님. 목적이 있어요. 인간이 있어요." 그는 휴머니스트였다. '인간이 있어요'라는 말로 정이 많은 이 사람은 자신을 완벽하게 묘사했던 것이다. 그는 말했다. "내 친구는 모든 사람입니다. 그들 전부는 제 인생, 제 노력의 목적이며 그것은 저에게는 하나의 축제입니다." 나는 고개를 조금 끄덕거리면서 동의했다. 나는 그가 약간 실망했다는 것을, 그가 좀 더 열광적인 것을 바라고 있었다는 것을 느낀다. 그러나 그가 나에게 말한 그 모든 것이 남에게서 빌어온 말이거나 인용구였다는 것을 알아차렸다면 그게 나의 잘못인가? 불행히도 나는 휴머니스트들을 너무 많이 알고 있었다. 급진당 좌파 휴머니스트는 인간적 가치를 유지하는 데 관심을 쏟는다. 그들의 동정심은 가난한 사람들에게 간다. 공산주의 작자들도 인간을 사랑하고 있다. 그들은 권력을 등에 업고, 인간을 사랑하기 때문에 인간에게 벌을 준다고 한다. 모든 강자들처럼 조심성 많은 그들은 자신의 감정을 감출 줄 안다. 가톨릭 휴머니스트들은 불가사의하다는 태도로 인간에 대해 말한다. 「런던의 부두 노동자의 삶, 구두 꿰매는 여자의 삶과 같은 비천한 삶이 얼마나 아름다운 동화인가」하고 그들은 말한다. 술에 취해 즐거움을 찾는 자들도 휴머니스트다. 그들은 술에 취해 노래 부르는 것 자체가 인간을 위하는 것이라고 주장한다. 철학자 휴머니스트, 인간을 구원하려는 휴머니스트, 술에 취한 휴머니스트…. 하지만 그들은 서로를 증오한다. 휴머니스트는 후에 인간을 더 사랑하기 위해 우선 인간을 증오하는 인간혐오자 「미장트로프 misanthrope」다. 독학자는 다시 말했다. "그들을 사랑해야 합니다. 그들을 사랑해야만…." 나는 말했다. "자네는 그들을 사랑하고 있는 것이 아니네. 그들이 보이는 '인간의 젊음' '남녀의 사랑' '인간의 목소리'에 감동하는 것이지." 나는 화가 난다. 정말이다. 그러나 그것은 그에 대해서가 아니라, 휴머니스트 비르강 같은 녀석들이나 다른 사람들, 이 불쌍한 머리를 중독시킨 모든 사람들에 대해서다. 그에게는 동정심을 느낄 뿐이다. 독학자는 다시 말했다. "선생님도 그들을 사랑합니다. 우리는 그저 어휘상으로 갈라져 있을 뿐이죠." 나는 삼키기 싫은 빵 한 조각을 억지로 삼키고 있었다. 인간, 인간을 사랑해야 한다. 인간은 훌륭하다. 토하고 싶다. 갑자기 그게 왔다. '구토'가.] 나는 그들에게서 풍기는 숨겨진 **위선의 비릿한 냄새를 참을 수 없었기 때문이었습니다.** (사르트르, 180)

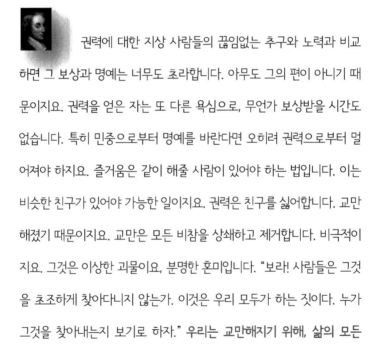 권력에 대한 지상 사람들의 끊임없는 추구와 노력과 비교하면 그 보상과 명예는 너무도 초라합니다. 아무도 그의 편이 아니기 때문이지요. 권력을 얻은 자는 또 다른 욕심으로, 무언가 보상받을 시간도 없습니다. 특히 민중으로부터 명예를 바란다면 오히려 권력으로부터 멀어져야 하지요. 즐거움은 같이 해줄 사람이 있어야 하는 법입니다. 이는 비슷한 친구가 있어야 가능한 일이지요. 권력은 친구를 싫어합니다. 교만해졌기 때문이지요. 교만은 모든 비참을 상쇄하고 제거합니다. 비극적이지요. 그것은 이상한 괴물이요, 분명한 혼미입니다. "보라! 사람들은 그것을 초조하게 찾아다니지 않는가. 이것은 우리 모두가 하는 짓이다. 누가 그것을 찾아내는지 보기로 하자." 우리는 교만해지기 위해, 삶의 모든

것을 바쳐 노력하는지도 모릅니다. 고독히 비참해지기 위해. (파스칼, 181)

파스칼 선생, 그래서 나 _{오만의 악마, 루시퍼} 는 항상 권력에 욕심이 있는 교만한 자 옆에 나타나지요. 교만은 오만의 내적 상태입니다. 교만한 자는 내가 한 마디만 거들면 바로 오만해집니다. 자기가 권력을 좋아하는지 확인하는 방법은 살짝 자신을 들여다보면 곧 알 수 있지요. 아마도 백이면 백, 교만을 발견할 겁니다.

이곳 인류 정신은 지상의 사람들에게 "사랑의 신실(信實)성 부족 _{에라스무스}, 입으로만 공(空)을 말하는 행동성 결여 _{혜능}, 힘으로 사람의 마음을 움직이려 하는 무모성 _{바수반두}, 인간 사랑에 대한 위선 _{사르트르}, 내면의 교만욕 _{파스칼}"에 대한 성찰을 전하는군요. 지혜의 신, 아테나는 지상의 사람들에게 이렇게 전합니다.

"권력, 부러워할 것 없습니다.

자리 유지에 급급한 모습은 보통 사람들과 조금도 다를 바 없습니다."

"권력은 힘을 주는 만큼, 그대로 빼앗아갑니다.

남보다 더 큰 힘을 가지려는 생각이 벌써 사람을 망가뜨립니다."

🖼 권력은 자신이 무섭다고 생각하지만, 사람들은 우습다고 생각합니다.

⚜ 진정한 권력은 중력과 같이 아무것도 없어도 만물을 다스린다

 삶을 완성하는 것은 문명과 권력이 아니라 무욕(無慾)입니다. 소크라테스, 플라톤, 아리스토텔레스는 소수 철인 귀족 중심 사회를 주장했고, 이는 권력에의 의지와 억압을 초래했지요. 소탈함과 소박함은 자유와 평등을 자연스럽게 관통합니다. 자아의 가치는 인간이 어떠한 불운과 재난을 겪더라도 박탈할 수 없는 것이지요. 이를 위해서는 권력과 무관한 것, 문화와 무관한 것, 물질과 무관한 것, 인간관계와 무관한 것이 진리에 가깝습니다. 집착하지 않는 무욕이 삶을 완성하는 이유이지요. 언젠가 길에서 채소를 씻고 있던 나에게 플라톤이 다가와서 「왕에게 조금 더 공손했더라면, 그런 일은 하지 않았을 것이오.」라고 했습니다. 이에 나는 「당신이 채소를 씻을 줄 알았다면, 왕의 노예가 되지는 않았을 것이오.」라고 답했지요. 권력에의 의지는 노예에의 예속을 감내한다는 것을 의미합니다. (디오게네스, 182)

권력을 얻은 자가 우리를 압도하는 무엇인가를 가지고 있을 것으로 생각하면 오산입니다. 권력은 대부분 사기인 경우가 많지요. 권력의 최대 노림수는 사람들의 두려움입니다. 그러므로 두려워하지 않을 수만 있으면 그들의 사기는 곧 드러나지요. 과장된 모습으로 상대를 위협하면 사람들은 대부분 고개 숙입니다. 나는 지상의 사람들이 그들과의 기 싸움에서 지지 않기를 바랍니다. 그들의 실상을 천천히 따져 보고, 약점을 역습하면, 대부분 꼬리를 내릴 것입니다. 권력이 사기라는 것은 너무 유명해서 모두 다 알고 있는데, 자신이 그곳에 가까이 가면 일부러 모르는 척 최면을 걸지요. 대중은 선(善)을 찾지만 잘 알아보지 못하고 선을 찾아 알아도 행하지 않습니다. **사람들은 노예가 되거나 자유를 잃는 것보다 가난을 더 두려워합니다.** 우리가 권력의 노예가 되기 쉬운 이유이지요. 권력을 위한 개가 되지 않으려면, 우리 공동체를 너무 부자도 너무 가난한 자도 없도록 도모하고, 강제해야 합니다. 권력에의 의지는 만인을 노예로 만드는 [악마의 술수]이기 때문이지요. (루소, 183)

나는 미국의 분석 철학자입니다. 헛소리도 진리화 가능하지요. **부조리한** 것 같은 종합 명제도 적절한 인식 체계를 도입하면 진리화할 수 있습니다. 최근 지상에서는 논리 철학이 유행이지만, 꼭 논리 실증적 분석 명제에 의한 진리화를 고집할 필요는 없지요. 우리가 믿어야 할 것은 경험도, 이성도, 신(神)도 아닌, 모든 것을 포괄하는 대상(對象)입니다. 경험에 의한 [과학]과 논리에 의한 [철학]은 구분할 수 없지요. 권력은 규정과 압제를 그 도구로 사용합니다. 이 도구는 논리 실증적 분석 명제에 의한 철학으로부터 공격을 교묘히 피해 가지요. 이렇게 권력의 조력자가 되어버린 강제적, 논리적 사회 구조 체계는 철학의 도움으로 점점 틀린 것이 아니게 되어버립니다. 철학마저 타락해 갑니다. 그러므로 **최고의 진리를 위해 가끔은 비이성적 헛소리 같은 [파괴적 선택]을 해야 할 필요도 있습니다.** (콰인, 184)

유감스럽게도 민중을 위한 권력은 지금까지 없었습니다. 권력자가 위대한 적도 없었지요. 권력의 특별함이란 겁쟁이들의 침묵으로 잠시 만들어질 뿐입니다. 삶에서 성공하여 기득권을 얻으면, 보통 자신을 특별한 자로 생각하지요. 확실히 인간 각 개인은 특별한 자입니다. 그러나 그것은 다른 관점에서이지요. 자신은 권력과 지위를 가지면, 지금까지 비난받았던 다른 기득권자와 다를 것이라고 착각하지 마십시오. 누구라도 특별할 것 없습니다. 권력은 한 인간의 편리한 착각과 추종자들의 어리석은 충성심에 의해 만들어지기 때문이지요. 이렇게 권력은 항상 비정상적 충성심을 선동합니다. "그대가 진리의 구도자인가?"라고 그들은 묻습니다. 교활한 짐승, 몸을 숨기며 거짓을 꾸미는 짐승, 먹이를 벌러 갖가지 가면을 쓰고, 스스로 먹이가 되는 짐승, 그런 짐승이 진리의 구도자이겠습니까? 오직 어릿광대일 뿐! 시인일 뿐! 어차피 어리숙한 어릿광대, 몽상적 시인일 바에야, 복된 조소로, 복된 악의로, 복된 피의 굶주림으로 덮치고 공격하기를. 심연을 응시하는 독수리처럼. 점점 더 깊어지는 심연을 향해 원을 그리며 내려갑니다. 그리고 갑자기 날개를 접고 양 떼를 습격합니다. 덕스럽고 순진한 어리석은 온정으로 바라보는 모든 것들을 지독히도 미워하며. 그대 어릿광대여! 시인이여! 독수리와 표범을 숨어서 동경합니까? 그대는 인간을 신(神)으로 보고 또 양(羊)으로도 보았습니다. 이제 날카로운 발톱을 세우고 인간 속의 양을 찢어발기듯, 인간 속의 신도 찢어발깁니다. 밝은 바람결에, 낮을 닮은 달이 진홍빛 노을에 빛을 잃고 시새우며 가만히 소리 죽여 걷습니다. 어릿광대여! 시인이여! 그대는 잊지 않았으리, 뜨거운 마음이여! **그대가 그때 얼마나 목 타 있었던가를. 비겁한, 교활한 진리를 추방하기를 얼마나 애타게 바랬던가를.** 나는 이렇게 분노합니다. (니체, 185)

    니체 선생, 인간들은 어찌 보면 측은하지요. 그들은 푸주간 앞, 개 신세가 아닙니까? 고기와 뼛조각은 먹고 싶은데, 주인의 매 때문에 접근할 수가 없지요. 그래도 내가 _{분노의 악마, 사탄} 유혹하면 가끔은 주인을 물고 뼛조각을 차지합니다.

사탄 선생, 악마들은 참 악마다운 생각을 하는군요. 내가 그 개라면 뻔히 보이는 매를 무릅쓰고 주인을 물기보다는, 비록 먹이 찾기가 고달파도 사슬을 끊고 광야의 늑대가 될 것입니다.

나는 인도의 중관(中觀) 승려입니다. 눈앞의 존재는 인(因)과 연(緣)으로 생성되며 따라서 자성(自性)이 없어 공(空)합니다. 그렇다고 그것이 아무것도 없는 무(無)라 할 수도 없지요. 이렇게 존재는 유(有)라 할 수 없고 또 무(無)라 할 수도 없습니다. 같은 이치로, **권력은 권력이 아니고, 단지 이름이 권력일 뿐입니다.** 이름뿐인 권력이 무언가 해줄 것을 기대할 수 있겠습니까?. 그러나 그 공허한 기대가 자기 것을 소유하려는 욕망이 생기는 순간, 시작됩니다. 모든 소유는 자기 것인 것 같지만, 사실 세상의 공동 재화일 뿐입니다. 그 보관 장소가 자기 주변이고 잠시 내 맘대로 쓸 수 있을 뿐이지요. 권력을 탐해봐야 조금 있으면 모두가 공(空)일 뿐입니다. 이는 뭇 냇물이 바다에 이르면 모두가 한 맛이 되는 것과 같지요. (나가르주나(龍樹), 186, 187)

우리는 자주 더 오를 수 없고 더 바랄 수 없는 상태를 꿈꿉니다. 권력의 성취는 허상이고 신기루입니다. 권력이 꼬리를 잡히면 그것은 이미 권력이 아니지요. 자신의 것으로 할 수 있는 권력은 강제력과 물리적 힘과 같은 초라하고 보잘것없는 것들뿐입니다. 사람들은 이런 것들에 진정으로 고개 숙이지 않습니다. 사람들에게 경외감을 주는 권력은 [허영]일뿐이지요. 우리는 모두 비슷하거나 거의 같기 때문입니다. 권력에 욕심을 가진 자는 결국 불한당이 될 수 있을 뿐이지요. **세속 사람들은 남이 자기와 같아지기를 기뻐하고, 남이 자기와 달라지는 것을 싫어합니다. 이는 속으로 남보다 뛰어나기를 마음먹기 때문이지요.** 대저, 혼자의 재주가 여러 사람보다 뛰어남이 어찌 가능하겠습니까? 진실한 하늘의 권력을 가지려는 자는 모든 만물을 소유하려는 생각을 하는 자이고, 만물을 소유하려는 자는 당연히 만물과 같은 차원의 물(物)이어서는 안 됩니다. 만물과 다른 차원이라 함은 자기에 대한 집착이 없고 집착이 없으니 어찌 소유물이 있겠습니까? 세상을 소유물로 보는 자는 옛날의 군자요, 세상을 무소유로써 대하는 자가 비로소 천지의 벗이 될 것입니다. 진실한 하늘의 권력은 우리에게 아무것도 주지 않습니다. 본래 아무것도 가지지 않았기 때문이지요. 이는 [만물에 작용하는 중력과 같은 것]으로 아무것도 갖지 않고 아무것도 주지 않아도 만물을 다스립니다. 그것은 선한 본성을 중력처럼 작용시켜, 만물이 스스로 뿌리내리도록 하지요. 그러므로 인위(人爲)로 천하를 다스리려 하지 않는 것입니다. (장자, 188)

천상의 인류 정신은 "사람을 노예로 예속시키는 권력에의 의지 디오게네스, 가난에 이용하는 비열한 권력 루소, 논리 철학적 사고를 악용하는 규정적 권력 콰인, 권력의 허상과 허무성 나가르주나, 중력과 같은 만물에 작용하는 권력 장자"에 대하여 그들의 통찰을 전하는군요. 지혜의 신 아테나는 지상의 사람들에게 이렇게 전합니다.

"특별한 자는 특별히 나쁜 자를 의미합니다.

자신을 특별한 자로 생각하지 않는 것이 좋습니다."

"타인보다 우위에 서려는 생각은 순수한 어릴 때는 갖지 않습니다.

어른들이 모든 것을 망쳐 놓지요."

"겸손치 않으면 지나가는 가을바람도

그를 외면할 것입니다."

　　☞ 진정한 권력은 중력과 같이 아무것도 없어도 만물을 다스립니다.

✤ 부자는 돈이 많다는 것, 그것뿐이다

죄를 짓는 것은 인간적입니다. 그렇지만 죄 안에 머무는 것은 악마적이지요. 셰익스피어는 멕베드로 하여금 다음과 같은 말을 하게 하고 있는데, 이것은 심리학적으로 지극히 거장다운 말입니다. 「죄로부터 나온 일은 오직 죄를 통해서만 힘과 강함을 얻는다.」(제3막 제2장) 요컨대 그가 의도하는 것은, 죄는 그 자체 내에서 일관성을 갖고 있으며 또 악의 이러한 일관성 속에서 죄도 또한 어떤 힘을 갖는다는 것입니다. 말할 필요도 없이, 대부분의 사람은 자기 자신에 대한 의식을 거의 갖지 않고 생활하기 때문에, 일관성이 무엇인가 하는 데 대한 관념을 거의 갖고 있지 않습니다. 그들의 생활은 일종의 어린애 같은 철없는 소박성 속에서 진행되거나, 혹은 하찮은 이야깃거리를 일삼으며 약간의 행동, 약간의 체험 등으로 정립되고 있지요. 그들은 방금 무엇인가 선한 것을 행하고 있다고 생각하면 어느새 또 잘못을 저지르곤 합니다. 그리고는 다시금 처음부터 시작하지요. 어느 날 오후 혹은 어쩌면 3주일 동안 그들은 절망하고 있기도 합니다. 그러나 그들은 얼마 후 다시 원기를 회복하지요. 하지만 또다시 하루종일 절망합니다. [말하자면 그들은 인생이라는 유희를 하고 있는 것입니다.] 그러나 그들은 하나에 인생을 거는 것과 같은 통합적 인생을 체험한 적이 없지요. 그 때문에 그들은 자신의 내부에 있는 무한한 일관성에 대한 관념에 미치지 못하는 것입니다. 따라서 그들에게는 항상 개개의 것들, 즉 개개의 좋은 나날들, 개개의 죄만이 문제 될 뿐이지요. 이는 부(富)에도 그대로 적용됩니다. 그들은 부에 대한 참된 가치를 통합적으로 조망하는 능력을 갖추고 있지 않지요. 직접적이고 어린애 같고 유치한 사람들은 상실할 수 있는 전체를 갖고 있지 않습니다. 그들은 항상 개체로서, 개체적인 것만을 상실하고 또 획득할 뿐이기 때문이지요. 일정 수준 이상의 부는 결국은 예외 없이 악을 내포하고 그것이 우리 모두를 와해(瓦解)시킬 것임을 알지 못한 채, 불나비와 같이 부를 향해 돌진할 따름입니다. (키에르케고르, 189)

부(富)는 삶을 조금은 풍요롭게 해줍니다. 그러나 차분한 유월 초여름 오후 시끄럽지 않은 한적한 교외에서 조용히 생각해보니 커다란 부를 가진 자의 것이, 산기슭을 천천히 걷고 있는 소박한 농부가 가진 것과 그렇게 차이가 있는 것은 아니었습니다. 푸른 하늘과 산기슭 맑은 공기 아래, 부는 별로 소용없지요. 부는 도시 자본주의 희생자에게 필요한 음습한 소유물입니다. 부의 효용은 그것을 절실히 필요로 하는 사람에게 나누어줄 때, 비로소 발생하지요. 부는 소유하는 것이 아니라 공유하는 것입니다. 인간이 가지는 부의 총합적 관점에서 그것을 서로 공여한다면 세상은 살만한 곳이 될 것입니다. 어리석은 이기심이 재화의 효용을 떨어뜨립니다. 자신의 능력으로 커다란 부를 일구었다고 생각하지만, 보통 타인을 기만함으로써 얻은 재화가 대부분입니다. 더 낮은 가격으로 사람들에게 제공했어야 할 상품을 과도하게 높은 가격으로 판매했기 때문이지요. 적정 가격 이상으로 과도한 이익을 내는 행위 대부분은 사기입니다. 우리는 식량난을 겪는 [로도스 섬]에서 상인들이 어떻게 그 가격을 정해야 하는가에 대해 생각한 바 있습니다. 정직함이 선함의 기초입니다. 타인의 무지를 이용해 자신의 이익을 취하는 행동을 해서는 안 됩니다. 과도한 부는 태생 상 윤리적일 수 없습니다. 그래도 윤리적일 수 있는 유일한 방법은 적정 소유물을 제외하고 모두 돌려주는 것뿐이지요. 도덕적으로 선하지 않은 것은 결코 유익하지 않습니다. 이렇게 도덕적 선(善)은 유익함과 결코 분리될 수 없지요. 우리는 꼭 선택해야 한다면 도덕적 선이 유익함에 우선해야 합니다. 결국, 최후에는 도덕적 선이 더욱 유익할 것이기 때문이지요. 죄를 범하고 유익함으로 가리는 것과 공리주의는 엄격히 구분되어야 합니다. 플라톤 선생이 사람을 투명하게 해주는 [기게스의 반지] 이야기에서 힘이 있는 인간의 비열한 욕망에 대해 말한 바와 같이, 유익함과 이익 때문에 도덕적 균열이 생기지 않도록 깊이 성찰해야 합니다. 윤리적이지 않은 부는 힘에 의해 강제로 회수해도 그 책임이 크지 않습니다. (키케로, 190)

인간 존재에게 있어서 [실존함]과 [자기를 선택함]과의 사이에는 아무런 차이도 없습니다. 부(富)를 선택하면 부로 둘러싸인 성곽 속에서 실존할 것이고, 부와 다른 가치를 선택하면 또 그렇게 실존할 것이지요. 욕망은 일반적으로 말하면, 타인에 의해서 타유화(他有化)된 자기 존재를 복원하기 위한 대자(對自) 존재의 근원적인 회복 노력입니다. 가령 부를 욕망하는 것은 자기 존재가 부에 의해 억압받고 있음을 인지하고 그로부터 벗어나기 위한 투쟁 과정인 것이지요. 그러므로 부에 대한 욕구는 그 공동체의 가치관에 의해 어느 정도 결정된다고 할 수도 있습니다. 그러나 사실 이는 핑계일 뿐이지요. 우리 삶은 하나의 [선택]을 발견하는 데 있어야 하지, 공동체 가치관 같은 하나의 [상태]를 발견하는 데 있어서는 안 됩니다. 그러므로 자기의 선택이 무의식의 어둠 속에 파묻혀 있는 [주어진 것]에 의해 판정되는 것이 아니고, 자유롭고 의식적인 하나의 [결정]이어야 함을 기억해야 합니다. 공동체 가치관 속에 숨는 것은 결국 실존을 포기하는 것입니다. (사르트르, 191)

일정 수준 이상의 부는 그것을 권력화합니다. 따라서 일정한도 이상의 개인 소유권은 제한해야 하지요. 우리는 국가 이외의 어떤 권력도 인정해서는 안 됩니다. 지금 지상 세계의 부는 세습의 준비까지 이미 마쳤습니다. 부의 권력화를 막아야 하지요. 증여는 일부만 허용해야 합니다. 자신의 것이라고 마음대로 증여해서는 안 되지요. 이는 평등의 진리에 위배됩니다. 다수 민중을 위한 올바른 철학은 자신의 능력과 노력으로 [본인이 누리는 부]는 인정하지만, 그 증여까지는 인정하지 않습니다. 이를 방치하면 상식을 뛰어넘는 태생적 불평등이 민중의 가치와 질서를 파괴할 것이기 때문이지요. 이렇게 평등을 해치는 일정 수준 이상의 과도한 부를 인정해서는 안 됩니다. 재화는 개인이 아닌 사회 구성원 전체가 함께 만드는 것이기 때문이지요. 재화와 그로부터 발생하는 사람의 평등을 위한 정의로운 공동체는 정치가 아니라 교육으로 실현해야 합니다. 아테네 시민 500명으로 구성된 공동체 법정에서 애석하게도 소크라테스 선생은 사형 선고를 받았습니다. 전에 이야기했던 바와 같이 민주 정치는 다수의 바보들에 의해 다스리는 중우(衆愚)정치입니다. 민주주의는 무정부 상태와 다를 바 없고, 결코 평등하지 않은 사람들을 평등하게 대하는 괴상한 정체(政體)이지요. 민주주의는 오만·무례함을 교양으로, 무정부 상태를 자유로, 낭비를 도량으로 생각합니다. 민주 정치는 자연적으로 통치자, 부자, 민중, 세 부류를 탄생시킵니다. 위정자는 세금을 많이 거두어 민중을 생계에만 매달리게 하고, 반역을 기도할 여유를 박탈하지요. 통치자는 지위를 유지하기 위해 부자들과 연합하고, 부자들의 재산을 민중에게 조금 나누어주어 민심을 얻다가, 민중이 이를 눈치채면 전쟁까지 일으켜 어쩔 수 없이 지도자를 필요로 하는 상태를 유도합니다. 이렇게 과도한 부는 민중을 탄압하는 독재 참주(僭主)의 탄생을 돕지요. 권력과 부의 연대(連帶)는 2,500년 전이나 지금 지상이나 크게 달라진 것이 없어 보이는군요. (플라톤, 192, 193)

플라톤 선생, 본래 나태한 족속, 인간이 재물을 모으려 그렇게 노력하는 것은 자신의 풍족함을 위해서만은 아니지요. 사랑하는 사람들에게 나누어주어, 그들이 세상을 조금 편하게 살도록 도와주는 것은 그들 나름대로 사랑의 표현이고, 만일 그것이 인정되지 않으면 인간은 상당 부분 더 나태해질 것입니다.

마몬 선생, 탐욕의 악마로서, 인간의 욕심이 줄어들까 걱정인가 보군요. 상속자는 막대한 부를 가질 수 없겠으나, 공동체가 증여가 금지된 재화에 의해 전체적으로 풍요로워지면, 그 상속자도 공동체 속에서 그 혜택을 누릴 것입니다. 이것이 두 세대만 축적되면, 지상은 다른 세상이 되어 있을 겁니다. 아마, 마몬 선생이 있을 곳이 없을지도 모릅니다.

 인류 정신은 "부에 대한 통합적 조망 능력 키에르케고르, 도덕적 균열을 막는 유익함과 이익에 대한 성찰 키케로, 부의 가치에 대한 깨어있는 자기 결정 사르트르, 과도한 부에 의한 부패의 탄생 플라톤"에 대하여 그들의 성찰(省察)을 지상의 사람들에게 전하는군요. 지혜의 신, 아테나는 이렇게 전합니다.

"한 선구적 삶이 고요한 침묵 속에서 인간 전체의 행동을 바꿉니다.

그리고 이것이 인간 일반을 유지케 합니다."

"태양이 비추고 있는 늦가을 따뜻한 햇볕 아래

오후 시간 한가로움은 모든 것을 회복시킵니다."

▣ 부자는 돈이 많다는 것, 그것뿐입니다.

❖ 부의 작은 특권은 악마도 천사도 될 수 있다는 것이다

나는 5,000년 전쯤 지상에서 살았던 전설 속 인간입니다.

목적을 달성하기 위해서는 기반을 다진 후에 시작하고, 선함과 신념을 가진 후에 말하며, 사귐을 깊이 한 후에 상대에게 묻습니다. 선함과 신념이 없는 자는 그의 말과 행동에 비굴함이 나타나지요. 말과 행동에 기상이 넘치려면 하늘(天), 땅(地), 사람(人), 3재(三才)의 이치에 부합해야 합니다. 하늘은 음(陰)과 양(陽)을 [화합]하게 하고, 땅은 유(柔)와 강(强)을 [조화]롭게 하며, 사람은 인(仁)과 의(義)로 [융화]하게 합니다. 무릇, 성인은 천지의 화합, 조화, 융화로 서로 변화하는 모습을 통찰합니다. 하늘(乾건 ☰)과 땅(坤곤 ☷)은 무릇 위치를 정하며, 산(艮간 ☶)과 못(兌태 ☱)은 기운을 통하고, 우뢰(震진 ☳)와 바람(巽손 ☴)은 서로 부딪히며, 물(坎감 ☵)과 불(離리 ☲)은 서로 침범하지 않습니다. 이로써 조화롭지요. 만물은 기운차게 태동하고(震진 ☳), 가지런히 정리되며(巽손 ☴), 서로 마주 보며 이해하여 밝고(離리 ☲), 기르기 위해 힘써 일하며(坤곤 ☷), 가을에 수확하여 기뻐하고(兌태 ☱), 음양이 서로 다투며(乾건 ☰), 바르기 위해 힘써 수고하고(坎감 ☵), 종말을 이루고 다시 시작하여 성취합니다.(艮간 ☶) 이로써 오래 조화롭지요. 이를 알고 시간을 거슬러 셈하는 것(逆數)이 역(易)입니다. 이런 이치로, 사람이 재물을 소유하려면 다른 사람들과 화합, 조화, 융화해야 하고, 그 변화 모습을 통찰해야 다툼이 없습니다. 이를 만족하지 않으면 과도한 소유에 의한 부(富)는 구석지고 음습한 곳에 쌓여 어느새 썩은 냄새를 풍길 것입니다. (복희, 194)

공동체가 발전하기 위해 재화의 역할은 분명히 있습니다. 그러나 사람에 따라 그것을 소유하는 정도의 차이가 너무 커지면 모든 긍정적 가정은 무너집니다. 사람은 서로 다른 능력을 갖고 태어나고 그들이 만들어가는 재화량이 차이가 있는 것은 당연합니다. 문제는 개인 능력과 노력 이상으로 벌어지는 과도한 재화 편중 현상이지요. 이는 큰 자갈과 작은 모래가 서로 분리되듯 공동체를 서로 다른 부류로 분리시킵니다. 반면, 작은 돌과 모래는 분리되지 않고 서로 융합되어 단단한 토양을 이룹니다. 비가 오면 두 종류 토양의 차이는 명확히 나타나서, 전자의 토양은 무너지고 후자의 토양은 더욱 단단해지지요. 엄정한 국가라면 부와 빈곤의 격차가 너무 벌어지도록 방치해서는 안 됩니다. 만일 국가가 하지 않는다면 민중이라도 나서야 합니다. 보통, 우리는 도움받을 것이 없으면 상대에게 담담합니다. 이는 부와 빈곤의 차를 어디까지 인정할지의 기준입니다. **우리 공동체에서 서로 어느 누구와도 담담함이 유지되도록 부의 분배를 국가와 민중은 냉철히 도모해야 합니다.** 이것이 우리 삶을 오래 지속시키기 때문이지요. 가장 고귀한 것은 가장 지속적인 것입니다. 옳은 행동을 해야 옳고, 절제적 행동을 해야 절제적인 사람이지요. 철학적 도덕을 사유함으로써 자신이 선한 것으로 생각하는 것은 착각입니다. 이는 마치 환자가 의사의 처방을 주의해서 듣지만 그것을 따르지 않으면 건강해질 수 없는 것과 같지요. 우리는 위정자, 사기꾼, 탐욕가를 철저히 파괴해야 합니다. 물론 그 전에 자신이 그 [고귀한 자격]이 있는지 냉철히 그리고 지속적으로 검증해야 하는데, 이는 힘들게 악당을 몰아내고 자신이 바로 그 악당이 돼서는 안 되기 때문입니다. **우리는 단순히 거문고를 타는 자가 아닌, 거문고 명수의 [탁월함]을 지향합니다. 이를 통해 행복이 서서히 드러나지요.** 그런데 그것은 [온 생애를 통한 것]이 아니어서는 안 됩니다. 한 마리 제비가 날아온다고 봄이 오는 것은 아니지요. 전에 말했던 바와 같이, 당연히 노여워할 일에 대해서, 또 당연히 노여워할 사람들에 대해서, 그리고 적절한 정도로 적합한 때에, 그리고 적당한 시간 동안, 노여워하는 사람은 칭찬받을 만합니다. 이런 사람이 유약하지 않은 [온화한 사람]이지요. 그리고 생의 [고귀함을 위하여] 담대함으로 나아가는 것이 바로 [용기 있는 사람]입니다. 온화하고 고귀한 자는 부를 맑고 고결하게 사용합니다. (아리스토텔레스, 195)

만연되고 있는 우아한 사람들의 [아름다운 형식에의 애착]은 저 초조, 저 숨을 멈추고 있는 질식 순간의 포착, 무엇이든 너무 푸르다는 이유만으로 꺾어버리는 저 조급함, 인간의 얼굴에 주름을 새기고 인간이 하는 일에 문신을 새기는 저 질주에서 잘 연역(演繹)됩니다. 우리는 마치 더는 숨 쉴 수 없게 만드는 독약이 체내에서 잘 듣는 것처럼, 찰나(Moment), 여론(Meinung), 유행(Mode)이라는 세 개의 M에 혹사당하는 노예로서 돌진해 갑니다. 내가 혹사당하지 않는 개별 문화의 부재에 대하여 또렷이 보여주었을 때 이미 몇 번이나 이러한 항의를 받았지요. [그 부재는 아주 당연합니다. 우리는 이제까지 너무 가난하고 조심스러웠기 때문이지요. 우리 국민을 먼저 부유하게 하고 자부심을 품게 하세요. 그러면 문화를 갖게 될 것입니다!] 이런 종류의 엉터리 신념은 나를 분노케 합니다. 부, 우아와 예의 바른 위장의 문화, 거짓된 것, 가짜, 서툰 모조품, 악명 높은 회색, 질투심, 음험함, 불순, 저 불안, 저 성공과 돈벌이에 대한 병적인 욕망, 이 모든 병과 결점을 결코 [원칙적으로 치유]하려 하지 않고, 그러한 <흥미 있는 형식의 문화>로써 언제나 단지 외관만을 화장(化粧)할 심산이라는 것을 생각하면 화가 치밀어서 견딜 수 없게 됩니다. 이것이 부유함을 그럴듯하게 화장하는 것에 대해 내가 화를 내는 이유이지요. (니체, 196)

니체 선생, 그렇게 화낼 것 없습니다. 인간은 몇 번이고 말하지만 원래 나태한 족속이지요. 욕망을 자극하는 찰나(M1), 무리 의식을 자극하는 여론(M2), 시기심을 자극하는 유행(M3)으로 그들을 유혹하면 넘어오지 않는 자가 없습니다. 그들은 이 세상에 넘치고 있는 자극적인 욕망, 관능적인 문화를 모방하고 또 적응하며 사는 것이 그래도 가장 편리하다는 것을 이미 간파한 것이지요. 이 나태한 족속이 자기 개별 문화를 만들다니, 선생 욕심이 과한 것이지요.

인간의 나태로 끼니를 해결하는 벨페고르 선생, 그들의 나태는 오랫동안 그들의 여름 수확을 수탈해 가는 또 다른 자들에 대한 시위(示威)이지요. 민중은 나태로써 분노하는 것입니다. 오랫동안 그렇게 수확물이 약탈당하면, 악마 당신도 일하려고 하지 않을 것입니다. 개별 문화는 자기 자신의 공간을 만드는 것이지요. 그곳에 자기 것이 차곡차곡 쌓여가면 나태한 족속, 인간들은 나태가 무엇인지도 모르게 될 것이고, 선생은 그들로부터 끼니를 얻지 못할 것입니다.

부(富)는 노동을 자극합니다. 필요한 재화를 제공하기 때문이지요. 그러나 부를 가졌다고 너무 좋아할 것 없고, 부를 가지지 못했다고 실망할 필요는 더욱 없습니다. 부의 진정한 의미는 재화를 이용해 기본적인 의식주를 해결하고, 나머지는 부족한 이들과 나누는 것이지요. 소박하게 먹고 단정하게 입고 편안히 잘 수 있는 작은 공간만 있으면, 그

이상은 여분의 재화입니다. 권력가들이 위협하는 가난을 너무 겁낼 필요 없습니다. 당신을 겁먹게 하려는 속임수이지요. 부를 나누지 않는 자들은 부를 가진 것이 아니라 쓸모없는 종이 뭉치를 가질 뿐입니다. 본인이 노력한 결과로서의 부는 누구도 관여할 수 없지만, 과도한 양의 부를 증여하려 한다면, 이는 국가의 평등, 자유 이념을 파괴하는 독재자와 크게 다르지 않은 범죄행위입니다. 누구도 그것이 가능할 정도로 특별하지는 않지요. 부는 본인에 한하여 엄격히 제한되어야 합니다. 나는 숲속 지혜의 정원에서 투명한 피리 소리를 가슴으로 듣습니다. (칼릴지브란, 197)

> 숲속에는 자유인이 살지 않습니다.
>
> 비천한 노예도 없습니다.
>
> 아몬드는 나무 아래 잔디 위에 꽃을 뿌린다 해도
>
> 결코 뽐내지 않고 풀에도 복종을 요구하지 않습니다.
>
> 숲속에는 아무도 슬퍼하지 않습니다.
>
> 슬픔으로 고개를 파묻는 자도 없습니다.
>
> 서풍이 잎사귀에 속삭이며 자비로운 바람을 실어다 주니까요.

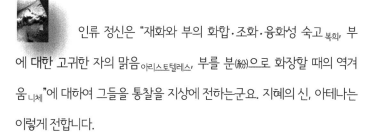

　　인류 정신은 "재화와 부의 화합·조화·융화성 숙고 복희, 부에 대한 고귀한 자의 맑음 아리스토텔레스, 부를 분(紛)으로 화장할 때의 역겨움 니체"에 대하여 그들을 통찰을 지상에 전하는군요. 지혜의 신, 아테나는 이렇게 전합니다.

"부는 어느 정도까지는 선이 악을 앞섭니다.

그러나 그 이상에서는 반대입니다."

"풍요에 겨운 게으르고 살찐 부자를 꿈꾸지 마십시오.

정말 그렇게 될 것입니다."

🔲 부의 작은 특권은 악마도 천사도 될 수 있다는 것입니다.

✤ 명예를 위해 살면 명예롭지 않다

[시체를 둘러멘 가엾은 영혼] 에픽테투스Epictetus가 당신에게 하는 말입니다. "당신이 먹고 있는 오이가 쓴가? 던져 버려라. 당신이 가는 길을 가시덤불이 막는가? 피해서 가라." 그것으로 충분합니다. "도대체 왜 이런 것들이 세상에서 일어나는가?" 의문을 갖지 마십시오. 비웃음을 살 것입니다. 우주의 본질이 무엇인지 모르는 사람은 자신이 어디 있는지 모르는 법이고, 우주의 목적이 무엇인지 모르는 사람은 자신이 어떠한 존재인지 모르는 법입니다. 자신에게 이렇게 물으십시오. "자신이 어디에 있고 어떠한 존재인지조차 모르며 단지 갈채하는 군중의 찬사를 꼭 받아야 만족하겠는가? 당신은 하루에 세 번씩이나 자신을 저주하는 사람

들의 칭송을 꼭 받고 싶은가? 당신은 <u>스스로도 만족할 줄 모르는 사람들</u> 마음에 들어 무엇에 쓰려는가?" 투명하고 맑은 샘물가에서 아무리 저주의 말을 해도 샘물은 결코 마르거나 변하지 않습니다. 설사 그 속에 사람들이 진흙이나 오물을 집어넣는다 해도, 샘물은 재빨리 그것을 흘려보내고 씻어내어 어느새 맑은 물을 다시 뿜어낼 것입니다. 우리는 어떻게 해야 그러한 영원한 샘물을 가질 수 있을까요? 그것은 바로 만족, 겸손, 자비, 소박함으로 자유와 고귀함의 권리를 잃지 않는 것입니다. 사람들이 갈채하는 **명예를 위해 살지 말고** 샘물과 같이 **명예롭게 사십시오.** (아우렐리우스, 198)

자신을 향상시키기 위한 각고의 노력을 해도 명예는 그렇게 쉽게 주어지지 않습니다. "우리가 얻고자 하는 것은 사람들로부터의 [부러움]은 아닌가? 명예란 평판이나 자긍심인가?" 명예가 자신을 위한 것이라면 더 이상 명예가 아닙니다. 명예는 그것이 타인에게 이익이 될 때 비로소 모습을 드러내지요. **명예는 자신의 행위에 합당한 무형, 유형의 가치를 사람들에게 [아무 대가 없이] 제공하려는 노력에 의해 탄생합니다.** 평판이나 자긍심을 얻으려고 자신을 가꾸고 향상시켜 얻을 수 있는 것은 명예가 아니라, [인기]일 뿐이지요. 명예는 영원히 사라지지 않지만 인기는 곧 사라집니다. 명예로운 자는 쉽게 탄생하지 않습니다. 혹시 자신이 그런가 오해하지 않는 것이 좋지요. 명예로울 기회를 놓치기 때문입니다. [셈 값을 치르는 쇠푼 돈, 명예] 장갑을 낀 채, 나는 이 쇠푼을 쥐었다가 역겨워하며 그것을 짓밟습니다. "누가 그 값을 받으려 하는가?" 그것은 흥정거리가 되는 '팔릴 사람'입니다. 그들은 기름진 손으로 명성이라는 싸구려 깡통을 붙들고 늘어지지요. 그들은 모두 어질긴 합니다. '명예와 덕성' 그것은 짝이 꼭 맞지요. **세상 사람들은 명성이라는 수다로 덕성이라는 수다 값을 치릅니다.** 세상은 그 수다스러움으로 삶을 잇지요. 조용히! 우리는 침묵하거나 위대하게 말하거나 해야 합니다. 나는 속으로 이렇게 말합니다. "그러나 나는 모든 심약한 어진 사람 앞에 죄인이 되겠다. 그들 앞에 나는 가장 천한 자가 되리라." [셈 값을 치르는 쇠푼 돈, 명예] 장갑을 낀 채, 나는 이 쇠푼을 쥐었다가 역겨워하며 그것을 짓밟습니다. 쇠푼을 쥐었다가는 진품 명예를 잃지요. (니체, 199)

나는 오스트리아 분석철학자입니다. 철학자들은 다양한 모습을 있는 그대로 보려 하지 않고, 다채로운 색을 하나의 단순한 색으로 환원하려 합니다. 참으로 무책임한 시도이지요. 철학은 다채로움을 그저 바라보고, 풍성한 일상 언어로 표현하는 것입니다. 언어의 한계를 뛰어넘어 말할 수 없는 것은 침묵해야 하지요. 도덕, 정의, 존재, 죽음, 신앙, 생성, 삶, 아름다움과 같은 것들은 말할 수 없는 것입니다. 이런 것들을 멋

대로 멋있게 말로 표현하여 무엇인가를 규정하려 하고 자기만의 이론이나 주의(ism)를 만들려고 하는 것은 철학자들의 [허영]입니다. 이런 것들은 파리가 파리통에 빠져있는 것처럼, 철학을 숨 막히는 공간에 빠뜨립니다. 어떤 면에서, 나는 **철학을 없애기 위해 철학을 하지요.** 철학은 행동일 뿐입니다. 가령, 도덕이란 멋스럽게 말로 표현·규정하는 것이 아니라 삶의 상황에 따라 그저 묵묵히 남을 배려해 주고 정직하게 행동하는 것입니다. 마찬가지로 명예 또한 자신의 삶에서 구체적 행동으로 하나하나 보여야 하는 것이지요. **자기만의 세계 속에서 신비주의적, 몽환적으로 규정된 명예는 단지 허영일 뿐입니다.** (비트겐슈타인, 200)

꼭 뛰어난 업적을 가진 자들이 명예를 얻는 것은 아닙니다. 명예의 긍정적 역할은 사람들에게 인간적 삶의 가치와 목표 그리고 꿈을 제공하는 것이지요. **명예는 우리의 [삶의 방향]을 제시합니다.** 업적은 삶의 방향이 아니라 결과물이지요. 업적으로 명예가 결정된다면 그것은 삶을 어지럽힐 것입니다. 서로 다른 우리는 동일한 결과물을 낼 수 없기 때문이지요. 이렇게, 명예의 역할은 누구나 따를 수 있는 삶의 방향을 제시하는 것입니다. 우리가 존경하는 것은 링컨의 정직성과 평등에 대한 의지이지 그의 직위가 아닙니다. 명예로운 삶은 업적과 무관합니다. 업적이

적고 보잘것없다고 명예를 포기하는 일은 없어야 하지요. 가령, 당신이 평등에 대한 의지가 있고, 그 삶을 신실하게 산다면 당신은 링컨과 다를 바 없이 명예로운 것입니다. 또한, 당신이 오랫동안 성실한 삶, 용기 있는 삶을 살았다면, 누가 그것을 알아보지 못해도 당신은 충분히 명예롭습니다. 지상의 교육은 명예를 조작합니다. 국가가 나서서 교육을 통제한다는 것은 사람들을 똑같은 틀에 맞추어 길러내려는 어리석은 방편에 불과하지요. 이는 똑같은 목표, 똑같은 명예를 지향하게 되어, 삶을 경쟁 속에서 피폐하게 만듭니다. 명예는 개별적인 것이어야 하고, 그 개별성 속에서 삶은 자유롭고 풍요롭습니다. **명예는 삶을 관통하는 진리에 대한 추구입니다.** 루소 선생도 말한 바와 같이, 이것은 누구나 언제나 가능한 것이지요. 자유로운 삶을 추구하거나, 평등을 위한 삶을 추구하거나, 정의로운 삶을 추구하거나, 도덕적 삶을 추구하거나, 평화로운 삶을 추구하거나, 타인을 즐겁게 하는 삶을 추구하거나, 미지 세계 탐험을 추구하거나, 사람들을 조금씩 돕거나, 산과 바람을 그려 아름다움을 창조하거나, 책을 많이 읽어 지혜를 전달하거나, 과학으로 사람들을 계몽하거나, 이렇게 추구는 무한합니다. **명예는 젊은이들의 꿈입니다.** 타인의 명예를 모방하지 말고 자신만의 명예를 만들어가십시오. 자신의 명예를 선택하고 설계하는 것은 본인이 타고 난 숨겨진 비밀 능력을 훨씬 더 많이 사용할 수 있게 하지요.

개별적 삶, 자신의 궤적, 그의 명예를 두려움 없이, 자긍심으로 선택하도록 도와주는 것, 이것이 진실한 교육자의 최대 덕목입니다. (존S밀, 201)

밀 선생, 우리 처량한 인간은 명예는커녕 치욕스럽지 않게만 살면 다행이라 생각하지요. 남들만큼 먹고 입고 자고 하는 것, 즐거운 일을 하는 것, 경조사에 참석하여 자기 장례식에 올 사람 수를 늘리는 것, 사람들과의 모임에 빠지지 않아 훌륭한 인간관계를 가진 자라는 평가를 받는 것, 병에 걸리지 않도록 하고 때때로 병을 극복하는 것, 자식들에게 조금이라도 재물을 물려주는 것, 여기에 가끔 남들이 잘하지 못하는 것으로 자신의 자랑거리를 만드는 것, 그렇게 나태한 족속인 인간이 이렇게 바쁜 일이 많은데, 어떻게 명예를 만들 시간이 있겠나요?

벨페고르 선생, 마치 악마가 인간 편인 것처럼, 사람들을 위한 변명을 하는군요. 선생이 열거한 삶의 여러 가지 일을 관통하는 그 무엇이 바로 명예입니다. 남들만큼 먹고 입고 자기 위한 재물을 모을 때 '재물을 사람들과 공평하게 취하며', 즐거운 일을 할 때 '평등하게 즐겁도록 배려하고', 자기 장례식에 올 사람 수를 늘리기 위해 '다른 사람들을 공평하게 정성으로 도우며', 훌륭한 인간관계를 가진 자라 는 평가를 받기 위해 '그들 모두를 친절히 그리고 평등하게 대하고', 병에 걸리지 않도록 하고 병을 극복하기 위해서 하는 행동에도 '다른 사람을 충분히 고려하여 자신의 병만 헤아리는 우를 범하지 않으며', 자식들에게 조금이라도 재물을 물려주기 위해 재물을 모을 때 '사람들과 공평하게 이익을 나누고', 가끔 자신의 자랑거리를 만들어도 '사람들의 자존감과 평등심이 상처받지 않도록 배려하는 것' 이것이 명예로운 삶입니다. 사람은 조금만 자신의 마음과 행동을 바꾸면 평범한 삶이 명예로움으로 넘쳐나는 것이지요.

우리가 어떤 사회에 태어났다는 것은, 그 사회로부터 이미 많은 도움을 받고 출생했다는 것을 의미합니다. 사회를 위한 기여와 반환은 명예로운 것이 아니라, 의무입니다. 명예는 사람들이 어렵고 두려워서 하지 못하는 것과 관련이 많습니다. 그러므로 명예와 숭고한 용기는 크게 다르지 않은 말이지요. **슬픔, 분노, 고통, 두려움과 같은 마음의 병에서 벗어나 아름다운 품위를 지키는 것 또한 용기이자 명예입니다.** 전쟁에서 승리한 자보다 평화를 지켜낸 자가 더 용기 있는 자이지요. 나는 스토아적 현실 도피가 아닌, 실제적이고 적극적인 공동체 변화를 위한 실천을 중시합니다. 부조리와 압제적인 권력에 대항함으로써 사람들의 고통을 조금이라도 실제로 덜어주는 것이 명예롭게 사는 것이지요. 이때 그것을 수행하는 자신의 양심이 바로 신(神)입니다. (키케로, 202)

"삶의 대부분을 희생해야 겨우 명예를 얻을 수 있는가? 그 날의 명예를 위해 오늘의 불명예를 인내하는가?" [그날]은 거의 오지 않습니다. 명예의 기준은 공동체적 유익성과 그 행위의 지속성에 있지요. 자신의 가족을 위한 희생은 물론 고귀한 도덕적 가치이지만 명예롭다 하지는 않습니다. 명예로운 삶이란 자신 대부분의 것을 희생하여 인간 일반의 향상을 위해 오랫동안 노력하는 삶에만 주는 훈장이지요. 어느 날 하루 기분으로 자신의 재산을 기부하는 것은 훌륭하지만 명예로운 것은 아닙니다. 어느 날 아침 갑자기, 유명해질 수는 있어도 명예로운 삶은 결코 얻을 수 없습니다. 나는 명예로운 삶을 살려는 지상의 사람들에게 이렇게 전합니다. "명예롭게 살려는 그대들, [보다 높은 인간]에게 고한다. 시장으로부터 떠나라! 아무리 이야기해도 시장 천민은 아무도 '보다 높은 인간'을 믿지 않는다. 천민은 이렇게 말하며 눈을 깜빡인다. '우리는 평등하다. 신 앞에서 평등하다.' 나는 다시 말한다. 천민 앞에서 평등하지 말라. 신은 죽었다. 이제, 우리는 초인을 기다린다. 자신 속에 음흉하게 숨어있는 천민 정신을 몰아내라. 이제 우리는 자신 속에서 힘을 키우는 초인이 우리 마음속 천민과 전쟁을 시작했다. 오늘날은 [작고 소심한 자들]이 주인이 되었다. 그들은 순응, 겸손, 신중, 근면, 조심 같은 작은 덕을 설교한다. 노예 출신, 천민 잡동사니, 작은 그들이 운명의 주인공이 되려고 하다니. 아, 구역질! 구역질! 구역질! 이들은 묻고 또 물으면서 지치지도 않는다. [인간은 어떻게 가장 좋게, 가장 길게, 가장 즐겁게 보존되는가?] 이렇게 물음으로써 그들은 오늘의 주인이 되어 버렸다. 그대들, 주사위를 잘못 던졌는가? 모두 실패작인가? 그러나 보다 높은 것일수록 실패하기 쉬운 법이다. 용기를 내라! 실패, 그것이 그대들과 무슨 상관인가? 얼마나 많은 것들이 아직도 가능한가? 그대들, **사납고 거친 바람처럼 거침없이 행동하라!** 하찮은 것, 사소한 것, 작은 것에 신음하는 엉겅퀴 같은 머리를 세찬 바람으로 정리하고, 사납고 자유로운 폭풍 같은 정신으로 크게 웃어넘겨라. 그대들, 보다 높은 인간들이여!" 자, 이제 우리는 자신 속에서 힘을 키우는 초인이 천민과 전쟁을 시작했습니다. 지상 사람들에게 나는 마지막으로 이렇게 고(告)합니다. "초인의 명예를 회복하라. 그대의 명예를 회복하라." (니체, 203)

 천상의 인류 정신은 명예로움을 위하여 "흥정하듯 쇠푼을 받지 말고 행동으로 명예를 증명할 것이며 니체, 신비주의적이며 몽환적인 허영적 명예를 버리고 삶을 관통하는 진리를 추구할 것이며 존S밀, 자신 속에 음흉하게 숨어있는 천민 정신을 몰아낼 것 니체"을 제언(提言)하는군요. 지혜의 신, 아테나는 지상의 사람들에게 명예에 대하여 이렇게 전합니다.

"명예를 위해 살면 사람들에게 인정받을 것이고

명예롭게 살면 자신에게 인정받을 것입니다."

"단 하나뿐인 것은 아름답거나 추하지 않고

많거나 적지도 않으며, 위대하거나 초라하지도 않습니다."

🖼 명예를 위해 살면 명예롭지 않습니다.

진리를 안다고 달라질 것은 없습니다.

그러나 삶을 피하지 않고 두려워하지 않는 것으로

그 가치는 충분합니다.

✤ 인류 정신 국가·권력·부·명예 십계

1. 어떠한 경우도 한 사람이 국가에 복종할 의무는 없다. (고드윈)

2. 국가가 나를 보호해 주지 않을 수 없도록 강제하라. (쇼펜하우어)

3. 힘으로 사람을 움직일 수 있다고 생각하지 말라. (바수반두)

4. 사람을 사랑하려는 건지, 이용하려는 건지 확실히 하라. (사르트르)

5. 고독히 비참해지기 위해 삶의 모든 것을 바치지 말라. (파스칼)

6. 권력자의 마음과 노예의 육체는 거의 같은 정도의 일을 한다. (디오게네스)

7. 진정한 권력은 중력과 같아서 아무것도 없는데 만물을 다스린다. (장자)

8. 누구와도 담담함이 유지되도록 부의 분배를 도모하라. (아리스토텔레스)

9. 명예를 위해 살지 말고 명예롭게 살라. (아우렐리우스)

10. 명예는 삶을 관통하는 진리에 대한 추구이다. (존S밀)

이제, 정원에 있던 천상의 인류 정신과 지혜의 여신

악마들이 모두 돌아갔고 모였던 지상의 사람들도 흩어졌다.

그들은 이렇게 생각했다.

'신은 이미 우리에게 평등에의 의지, 자유로울 자격을 주었다.

무엇인가 두려운 것은 분노하지 않아서이며

무엇인가 얻지 못하는 것은 냉철하지 못해서이다.

그리고 마음속으로부터 분출되는 그것,

그것을 위해서 꼭 해야 할 것은 해야겠다.'

참고한 문헌

162. 존로크 [정부론] 주니어 김영사, 이근용저, 2010, p94, 제4장

163. 윌리엄 고드윈, [정치적 정의], Philp, Mark, "William Godwin", The Stanford Encyclopedia of Philosophy (Summer 2013 Edition): Edward N. Zalta (ed.), 하승우 [아나키즘] 책세상, 2008, Anarchy Space, http://anarchian.tistory.com/595 [아나키즘] 영국의 아나키스트 고드윈, 네이버 시사상식사전 http://terms.naver.com/entry.nhn?docId=70943&cid=43667&categoryId=43667

164. 푸코 [감시와 처벌] [담론의 질서], Gutting, Gary, "Michel Foucault", The Stanford Encyclopedia of Philosophy (Winter 2014 Edition), Edward N. Zalta (ed.), 진태원, 푸코의 주체화 개념 - 주체화 (subjectivation) II, 2012년 10월 통권 018호, 사람과 글 人·文

165. 순자 [한비자·순자·묵자] 삼성출판사, 안병주역, 1982. p483, 순자, 7.성악편(性惡篇)

166. 톨스토이 [전쟁과 평화 III] 삼성출판사, 박형규역, 1991, p392, 제4편 20

167. 스피노자 [에티카] 대양서적, 정명오역, 1981, p219, 제4부, 정리 63

168. 데카르트 [방법서설] 삼성출판사, 김형효역, 1983, p56,p64,p74, 제2부,제3부, 제4부

169. 데카르트 [방법서설] 주니어김영사, 박철호저, 2010, p19, 제1장

170. 니체 [반시대적고찰] 청하, 임수길역, 1982, p302,p314, 제4편 6,8

171. 파르메니데스, 그리스 존재 철학자, [자연에 대하여], 김남두, 파르메니데스 「단편들」, 철학사상 별책 제7권 제7호, 2006, 서울대학교 철학사상연구소, [그리스 철학자 열전] 동서문화사, 전양범역, 2016, p591, 제9권 3, Palmer, John, "Parmenides" The Stanford Encyclopedia of Philosophy (Winter 2016 Edition), Edward N. Zalta (ed.)

172. 모세, 이스라엘 예언자, [탈무드] 평등에 대한 탈무드의 지혜

173. 토마스리드, 스코틀랜드 상식 철학자, [인간 정신 연구], 이재영, 토마스리드의 지각이론,범한철학 제24집, 2001가을, Nichols, Ryan and Yaffe, Gideon, "Thomas Reid", The Stanford Encyclopedia of Philosophy (Winter 2016 Edition), Edward N. Zalta (ed.)

174. 사르트르 [구토] 학원사, 김희영역, 1986, p144, 화요일

175. 쇼펜하우어 [의지와 표상으로서의 세계] 을유문화사, 곽복록역, 1983, p154, 제2권, 19장

176. 키에르케고르 [디아프살마타] 휘문출판사, 김영철역, 1971, p29

177. 에라스무스, 네덜란드 가톨릭 성직자, [우신예찬] 비둔한 사제들의 형식적 우상 숭배를 비판하는 저서 후반부 대목, 원서 및 번역서 참고

178. 혜능 [육조단경] 법공양, 원순역, 2009, p69-81, 제1장 悟法傳衣

179. 바수반두(世親), 4세기 인도 유식(唯識) 승려
    [아비달마구사론] 동국역경원, 권오민역, p162-174, 제4권, T.1558 (29-1)

180. 사르트르 [구토] 학원사, 김희영역, 1986, p154, 수요일

181. 파스칼 [팡세] 박영사, 안응열역, 1975, p333, 제2부, 위대함 477

182. 디오게네스 [不明, 그리스 철학자 열전] 동서문화사, 전양범역, 2016, p370, 제6권 2.디오게네스

183. 루소 [사회계약론] 주니어김영사, 손영운저, 2010, p119,p195, 제6장, 제10장

참고한 문헌

184. 콰인, 미국 분석 철학자, [경험론의 두 독단] Hylton, Peter, "Willard van Orman Quine", The Stanford Encyclopedia of Philosophy (Winter 2016 Edition), Edward N. Zalta (ed.), 박일호, 과학과 철학은 다르지 않다. 네이버캐스트 http://navercast.naver.com/contents.nhn?rid=88&contents_id=4614, 필립스톡스, 100인의 철학자 사전, 말글빛냄, 이승희역, 2010, p491, Willard Quine, Wikipedia, https://en.wikipedia.org/wiki/Willard_Van_Orman_Quine

185. 니체 [디오니소스의 찬가] 민음사, 이상일역, 1982, p90, Nur Narr! Nur Dichter!

186. 나가르주나, 2세기 인도의 중관(中觀) 승려

　　[중론] 동국역경원, 한글대장경, 박인성역, p1-12, K.577(16-350), T.1564(30-1)

187. 나가르주나 [중론] 서울대철학사상연구소, 서정형역, 2004, p55, 「철학사상」 별책 제3권 제3호

188. 장자 [노자 • 장자] 삼성출판사, 이석호역, 1983, p279, 외편, 11.在宥편

189. 키에르케고르 [죽음에 이르는 병] 삼성출판사, 손재준역, 1985, p358, 제2편

190. 키케로 [의무론] 주니어김영사, 윤지근저 2010, p166, p181, p196, 제10장, 제11장

191. 사르트르 [존재와 무] 을유문화사, 양원달역, 1983, p769, 제4부 제2장. 「하다」와 「가지다」

192. 플라톤 [국가] 주니어김영사, 손영운저, 2010, p37, p194, 제2장, 제10장

193. 플라톤 [국가] 동서문화사, 왕학수역, 2013, p407, 제8권

194. 복희, 기원전 2,800년 지상에서 살았던 전설 속 인간

　　[주역: 괘효사, 계사하전, 설괘전] 한국주역대전DB, 연구책임자 최영진, 성균관대학교, 한국학중앙연구원, 한국학진흥사업단, [주역] 홍신문화사, 노태준역해, 1985, 『周易四箋』과 정약용의 易해석 방법, 금장태, 東亞文化 第44輯, Jeong Yak-yong's Methods of Interpretation on The Book of Changes.

195. 아리스토텔레스 [니코마코스윤리학] 을유문화사, 최명관역, 1985, p188, 194, 206, 234, 250

196. 니체 [반시대적고찰] 청하, 임수길역, 1982, p241, 제3편 6

197. 칼릴지브란 [영가, The Procession] 범우사, 윤삼하역, 1982, p121, 128, 삶과 슬픔, 자유에 대하여

198. 아우렐리우스 [명상록] 인디북, 유동범역, 2003, p77, p200, 제4장, 제8장

199. 니체 [디오니소스의 찬가] 민음사, 이상일역, 1982, p108, 명성과 영원

200. 비트겐슈타인, 오스트리아 분석철학자

　　[철학적 탐구] 주니어김영사, 김면수저, 2010, p64, p148, p218, 제4장, 제8장, 제12장

201. 존S밀 [자유론] 주니어김영사, 홍성자저, 2010, p171, p227, 제10장, 제12장

202. 키케로 [의무론] 주니어김영사, 윤지근저, 2010, p79, 185, 제4장, 제11장

203. 니체 [짜라투스트라는 이렇게 말했다] 청하, 최승자역, 1994, p328, 제4부, 보다 높은 인간에 대하여

냉철한 그리고 분노하는

평등을 위한 냉철한 분노

내 가치는 저 사람보다 못한 것인가

자유를 위한 냉철한 분노

우리는 왜 마음대로, 생각한 대로 살 수 없는 것인가

정의, 도덕을 위한 냉철한 분노

우리는 왜 공평한 대우를 받지 못하는가

국가, 권력, 부, 명예에 대한 냉철한 분노

나에게 국가와 권력은 도대체 무엇을 해주는가

나는 왜 가난한가

나는 왜 꿈이 없는가

존재 [나]에 대하여

즐거운 여름밤 서늘한 바람이 알려주는 것들

김주호의 다른 책

감성 노트, 감성과 그 삶의 해석

I 장. 삶의 감성적 분석

II 장. 여름에서 가을까지

오래된 거짓말

I 장. 사랑에 대한 거짓말

1. 사랑의 가치는 무엇인가   2. 사랑은 열정적이어야 하는가   3. 사랑의 묘약은 어디에 있는가   4. 사랑은 진리를 달성하게 하는가   5. 비밀은 사랑을 깨뜨리는가   6. 사랑은 공유하는 것인가   7. 사랑은 오랫동안 지속될 수 있는가   8. 사랑의 기술은 무엇인가   9. 사랑은 조건이 필요 없는가   10. 사랑은 아름다워야 하는가   11. 사랑은 주는 것인가   12. 사랑은 어떤 향기가 나는가   13. 사랑은 시간과 함께 쇠퇴하는가   14. 사랑을 위한 주의사항은 무엇인가   15. 사랑은 그렇게 즐거운 것인가   16. 사랑의 제 1 규칙은 무엇인가   17. 사랑은 징표를 남기는가   18. 사랑은 편안한 것인가   19. 사랑은 희생을 전제로 하는가   20. 사랑은 감성인가 이성인가

II 장. 자유에 대한 거짓말

21. 우리는 진정으로 자유로울 수 있는가   22. 자유는 투쟁하여 얻을 수 있는 것인가   23. 자유를 위해 필요한 것은 무엇인가   24. 우리는 자유에 도달할 수 있는가   25. 자유로워 지려고 하는 이유는 무엇인가   26. 자유란 무엇인가   27. 자유를 위한 희생양은 누구인가   28. 우리는 자유롭고 또 편안한가   29. 자유는 어디까지 해줄 수 있는가   30. 우리는 언제 자유로운가   31. 자유로울 수 있는 조건은 무엇인가   32. 자유로운 시기는 언제인가   33. 우리는 자유에 대하여 무엇을 배우는가   34. 우리는 항상 자유로울 수 있는가   35. 이제, 자유의 억압 시대는 지나갔는가   36. 자유는 무엇을 주는가   37. 자유에 도달하는 비밀의 문은 있는가   38. 우리는 자유를 누릴만한가   39. 자유, 우리가 부끄러워해야 할 것은 무엇인가   40. 우리, 정말 자유를 원하는가

III 장. 정의, 도덕에 대한 거짓말

41. 정의는 누구를 위해 존재하는가   42. 정의는 무엇을 할 수 있는가   43. 우리는 정말로 정의롭게 될 수 있는가   44. 정의란 무엇인가   45. 정의는 항상 우리 편인가   46. 정의는 악인가 선인가   47. 정의와 법 중 어느 것이 우선인가   48. 정의는 아직 살아 있는가   49. 정의는 변명될 수 있는가   50. 누가 게으른 정의를 깨우겠는가   51. 도덕이 우리에게 도움이 되는가   52. 우리는 도덕적인가, 어리석은가   53. 우리는 도덕을 지켜야 하는가   54. 우리는 도덕적으로 성숙한가   55. 힘 있는 자들은 왜 도덕적이지 않은가   56. 도덕은 어떻게 탄생되는가   57. 우리는 누구에게 도덕을 배우는가   58. 우리에게 도덕을 가르칠 수 있는 자가 있는가   59. 우리 교육은 도덕을 가르치고 있는가   60. 도덕 교육은 언제가 좋은가

IV 장. 국가, 권력, 부, 명예에 대한 거짓말

61. 국가는 나를 보호하는가   62. 우리는 국가를 믿을 수 있는가   63. 우리는 국가를 위해 희생해야 하는가   64. 국가는 이대로 참을 만한가   65. 국가는 배반하지 않는가   66. 국가는 우리의 평등을 지켜줄 것인가   67. 국가를 이용할 것인가, 변화시킬 것인가   68. 권력은 왜 초라한가   69. 권력은 우리에게 무엇을 주는가 - 1   70. 권력은 우리에게 무엇을 주는가 - 2   71. 권력자는 뛰어난 자인가, 사기꾼인가   72. 우리는 조금 다른 권력자가 될 수 있는가   73. 우리는 권력 상태에 도달할 수 있는가   74. 부는 어디까지 윤리적인가   75. 부의 소유권은 누가 가지는가   76. 부와 빈곤의 적절한 차이는 어느 정도인가   77. 부는 선인가 악인가   78. 우리가 추구하는 것은 명예를 위한 명예는 아닌가   79. 명예에는 어떤 업적이 필요한가   80. 명예를 위해 사는가, 명예롭게 사는가

V 장. 신에 대한 거짓말 (1)

81. 신은 우리에게 꼭 필요한가   82. 신은 우리에게 무엇을 주는가   83. 신은 자비로울 필요가 있는가   84. 신에게 모든 것을 맡기면 되는가   85. 신은 평등을 원하는가   86. 신은 항상 우리를 돌보고 있는가   87. 신이 원하는 것은 무엇인가   88. 신은 이미 죽었는가   89. 신은 정말로 공평한가

V장. 신에 대한 거짓말 (2)

90. 신은 우리를 사랑하는가   91. 신이 있는데 왜 모두 선하게 되지 않는가   92. 신은 악한 자를 정말 용서하는가   93. 신은 약자 편인가, 강자 편인가   94. 신은 우리를 위로해 주는가   95. 신이 우리를 창조했는가, 우리가 신을 창조 했는가   96. 우리는 신에 대하여 얼마나 알고 있는가   97. 신은 완전한 인간을 원하는가   98. 신은 아름다울 수 있는가   99. 신이 우리와 다른 점은 무엇인가   100. 신은 우리에게 무엇을 원하는가

VI장. 존재에 대한 거짓말

101. 존재는 죽음과 함께 소멸하는가   102. 존재는 시간에 부자유한가   103. 존재는 우열이 있는가 - 1   104. 존재는 우열이 있는가 - 2   105. 존재는 가벼운가, 무거운가   106. 존재는 어떤 색인가   107. 존재는 그렇게 허무하게 사라지는가   108. 존재가 드러내는 것들은 유인가 무인가   109. 존재로부터의 탈출은 가능한가   110. 존재와 무는 서로 대립하는가   111. 우리는 존재의 이유를 찾아야 하는가   112. 우리는 존재에 대하여 알고 있는가   113. 존재는 무엇을 통하여 인식되는가   114. 우리는 존재를 버릴 용기가 있는가   115. 존재는 우리에게 무엇을 주는가   116. 존재는 불변인가 항변인가   117. 존재는 가능인가 억압인가   118. 존재는 누가 창조하는가   119. 존재는 불행의 근원인가, 행복의 근원인가   120. 우리는 실제 존재의 이야기를 듣는가

VII장. 진리에 대한 거짓말

121. 진리는 언제 우리에게 다가오는가   122. 진리는 어디에 머물고 있는가   123. 진리는 무엇으로 판단하는가   124. 진리는 왜 침묵하는가   125. 진리는 정말 유익한가   126. 진리는 어려운 것인가, 쉬운 것인가   127. 진리는 항상성을 지니는가   128. 진리 탐구는 특별한 것을 주는가   129. 진리는 어떻게 전달되는가   130. 진리에 이르지 못하게 하는 것들 - 1   131. 진리에 이르지 못하게 하는 것들 - 2   132. 진리에 이르지 못하게 하는 것들 - 3   133. 진리에 가깝게 도달한 증거는 무엇인가   134. 진리는 우리에게 어떤 도움이 되는가   135. 진리는 무거운가 가벼운가   136. 진리는 시간에 따라 불변하는가   137. 진리가 지켜주는 것은 무엇인가   138. 진리에 도달하기 위한 마지막 관문은 무엇인가   139. 진리와 존재는 무엇이 더 중요한가   140. 진리에 도달하는 방법은 무엇인가

VIII장. 평등에 대한 거짓말

141. 평등은 우리에게 이익인가 손해인가   142. 평등은 자유정신을 억압하는가   143. 평등의 대상은 어디까지인가   144. 평등한 우리는 행복한가   145. 평등은 어떻게 유지되는가   146. 평등을 바라는 자와 바라지 않는 자   147. 평등을 향한 허영심 -1   148. 평등을 향한 허영심 -2   149. 우리는 평등을 누구에게 양보할 수 있는가   150. 우리에게 평등을 가르치는 자가 있는가   151. 평등과 신념은 조화로운가, 상충하는가   152. 완전한 평등은 가능한가   153. 평등은 아름다운가, 평범한가   154. 평등 속에 숨다.   155. 평등은 이룰 수 없는 꿈인가   156. 평등에 도달하는 방법은 무엇인가   157. 평등은 주어지는 것인가, 투쟁하는 것인가   158. 평등으로부터의 휴식은 가능한가   159. 평등에 동정이 필요한가   160. 우리는 평등을 존중하는가 경멸하는가

IX장. 죽음에 대한 거짓말

161. 죽음을 연극하다.   162. 죽음은 언제 시작하는가   163. 죽음의 범위는 어디까지인가   164. 죽음은 두려운 것인가   165. 죽음에 이르게 하는 것   166. 죽음을 피하기 위한 방황   167. 삶과 죽음의 경계는 어디에 있는가   168. 죽음이 부를 때 무엇을 해야 하는가   169. 죽음의 실체는 무엇인가   170. 죽음을 위한 연습이 필요한가   171. 죽음의 위력 앞에 무엇을 할 수 있는가   172. 우리는 죽음을 고귀하게 맞을 수 있는가   173. 죽음의 공포는 극복 가능한가   174. 죽음에 어떤 비밀이 있는가   175. 죽음과 이성은 서로 모순인가   176. 죽음은 가치를 가지는가   177. 죽음으로 잃는 것과 얻는 것은 무엇인가   178. 죽음의 비밀에 설레이는가   179. 죽음이 변화시키는 것은 무엇인가   180. 죽음은 어떻게 시작되는가

실존을 넘어서 Ⅰ (존재 [나]에 대하여)

Ⅰ장. 연극을 떠나다.

Ⅱ장. 사람을 목적하다.

Ⅲ장. 존재를 보다.

Ⅳ장. 나를 가라앉히다.

실존을 넘어서 Ⅱ (즐거운 여름밤 서늘한 바람이 알려주는 것들)

신과 악마 그리고 인류 정신들의 이야기

등장인물 (전체)

디케　아테나　앙게로나

벨페고르　샤탄　마몬　루시퍼　아스모테우스　리바이어던

니체　아리스토텔레스　플라톤　장자　사르트르　소크라테스　예링　푸코

석가　한비자　루소　칼릴지브란　마키아벨리　몽테뉴　헤세　스피노자

파스칼　로트레아몽　아우렐리우스　노자　도스토예프스키　이솝　공자　존로크

마르크스　들뢰즈　홉스　헤겔　칸트　라이프니쯔　홍자성　묵자

톨스토이　키에르케고르　카프카　프로이드　김소월　예수　쇼펜하우어　맹자

의상　혜능　까뮈　고드윈　세익스피어　존S밀　순자　하이데거

알튀세르　빈두루존자　베르그송　융　괴테　키케로　지눌　데카르트

파르메니데스　모세　토마스리드　하르트만　에라스무스　디오게네스　베이컨　자사

바수반두　콰인　나가르주나　복희　비트겐슈타인

냉철한 그리고 분노하는

개정판 ‖ 2019년 8월 15일
지은이 ‖ 김주호
펴낸이 ‖ 이현준
펴낸곳 ‖ 자유정신사
등록 ‖ 제251-2012-40호
주소 ‖ 경기도 성남시 판교역로 145
전화 ‖ 031-704-1006
팩스 ‖ 031-935-0520
이메일 ‖ bookfs@naver.com

ISBN 978-89-98392-26-0 (03100)

이 도서의 국립중앙도서관 출판예정도서목록(CIP)은 서지정보유통지원시스템 홈페이지 (http://seoji.nl.go.kr)와 국가자료종합목록 구축시스템 (http://kolis-net.nl.go.kr)에서 이용하실 수 있습니다. (CIP제어번호: CIP2019030382)